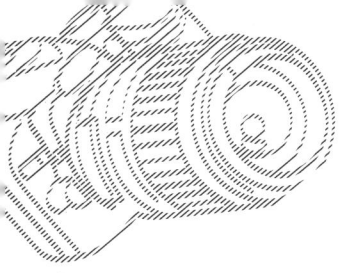

FRAUDES
documentais
e contábeis

SÉRIE ESTUDOS DE INVESTIGAÇÃO PARTICULAR

Sônia Regina Ribas Timi
Vanya Trevisan Marcon Heimoski

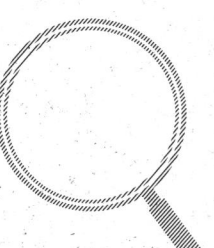

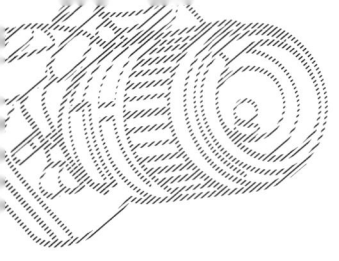

FRAUDES
documentais e contábeis

Dados Internacionais de Catalogação na Publicação (CIP)
(Câmara Brasileira do Livro, SP, Brasil)

Timi, Sônia Regina Ribas
  Fraudes documentais e contábeis/Sônia Regina Ribas Timi, Vanya Trevisan Marcon Heimoski. Curitiba: InterSaberes, 2020. (Série Estudos de Investigação Particular)

  Bibliografia.
  ISBN 978-85-227-0262-6

  1. Contabilidade 2. Documentos – Falsificação 3. Fraudes 4. Perícia contábil I. Heimoski, Vanya Trevisan Marcon. II. Título. III. Série.

  19-32162   CDD-657.47

Índices para catálogo sistemático:
1. Fraudes documentais e contábeis:
   Contabilidade   657.47

Cibele Maria Dias – Bibliotecária – CRB-8/9427

1ª edição, 2020.

Foi feito o depósito legal.

Informamos que é de inteira responsabilidade das autoras a emissão de conceitos.

Nenhuma parte desta publicação poderá ser reproduzida por qualquer meio ou forma sem a prévia autorização da Editora InterSaberes.

A violação dos direitos autorais é crime estabelecido na Lei n. 9.610/1998 e punido pelo art. 184 do Código Penal.

Rua Clara Vendramin, 58
Mossunguê . CEP 81200-170
Curitiba . PR . Brasil
Fone: (41) 2106-4170
www.intersaberes.com
editora@intersaberes.com

Conselho editorial
— Dr. Alexandre Coutinho Pagliarini
— Drª Elena Godoy
— Dr. Neri dos Santos
— Dr. Ulf Gregor Baranow

Editora-chefe
— Lindsay Azambuja

Gerente editorial
— Ariadne Nunes Wenger

Assistente editorial
— Daniela Viroli Pereira Pinto

Preparação de originais
— Mariana Bordignon

Edição de texto
— Letra & Língua

Capa
— Charles L. da Silva (*design*)
— HeinzTeh/Shutterstock (imagem)

Projeto gráfico
— Iná Trigo (*design*)
— father/Shutterstock (imagens)

Diagramação
— Andreia Rasmussen

Equipe de *design*
— Débora Gipiela
— Mayra Yoshizawa

Iconografia
— Sandra Lopis da Silveira

sumário

apresentação _____ 9
como aproveitar ao máximo este livro _____ 11

parte 1
Fraudes documentais

capítulo 1
Evolução histórica e principais conceitos _____ 16
   1.1 História e conceito da documentoscopia _____ 17
   1.2 História e conceito da grafoscopia _____ 25
   1.3 Teorias, princípios fundamentais e leis do grafismo _____ 29

capítulo 2
Documentoscopia _____ 37
   2.1 Fraude documental _____ 38
   2.2 Documentos questionados e padrões de confronto _____ 72

capítulo 3
Grafoscopia _____ 88
   3.1 Falsidades gráficas _____ 89
   3.2 Métodos de verificação da falsidade gráfica _____ 101

parte 2
Fraudes contábeis

capítulo 4
Fraude, erro e leis _____ 120
   4.1 Fraude não é erro _____ 121
   4.2 Fraude contábil _____ 125
   4.3 Leis brasileiras _____ 130
   4.4 Fraudes por desobediência às normas regulamentares e de *compliance* _____ 138

capítulo 5
Mecanismos de controle das fraudes e leis antifraudes _____145
5.1 Papel da auditoria _____146
5.2 Contabilidade usada para fraudar e Lei SOX _____148
5.3 Cronologia das leis antifraudes brasileiras _____156

capítulo 6
Fraudes contábeis mais comuns _____169
6.1 Tipos de fraudes contábeis mais comuns _____170
6.2 Números das operações da Polícia Federal _____173

para concluir... _____180
referências _____181
respostas _____187
sobre as autoras _____191

Dedico este livro ao meu filho, que tanto se empenhou para me ajudar a finalizar esta obra. Também dedico a todos que, de uma forma ou de outra, compartilharam comigo seus conhecimentos sobre fraudes documentais e a ciência da documentoscopia. Dedico, ainda, à minha família, pelo apoio constante, e aos advogados e juízes que confiam em meu trabalho como perita de documentoscopia.

Sônia Regina Ribas Timi

Dedico este livro aos meus familiares e aos funcionários e parceiros de trabalho na perícia, pela paciência que tiveram comigo durante o período de escrita; por vezes, não consegui dar-lhes a atenção devida. Dedico também a todos que, de alguma maneira, tornaram esta obra possível.

Vanya Trevisan Marcon Heimoski

Agradeço especialmente ao meu filho, Flávio Augusto, pela parceria nos trabalhos de perícias em documentoscopia e em toda a pesquisa feita para a concretização desta obra. Sem seu apoio, este estudo não seria possível.

Agradeço a todos os meus professores, que se dispuseram a passar seus conhecimentos.

Agradeço à minha família, em especial à minha mãe, que me deu condições de ter uma carga cultural necessária à atuação como perita no Judiciário brasileiro.

Agradeço ao meu marido, pelo apoio constante.

Sônia Regina Ribas Timi

Agradeço ao Marcio, meu marido, e à Maria Eduarda, minha filha, por estarem comigo em todos os momentos.

Agradeço aos juízes que confiam em meu trabalho e que, ao longo destes anos, têm me prestigiado com nomeações para perícias contábeis e financeiras.

Agradeço aos advogados que cada dia acrescentam mais conhecimento ao meu trabalho e crescimento profissional.

Vanya Trevisan Marcon Heimoski

apresentação

O profissional de contabilidade deve trabalhar com zelo, ética e transparência, obedecendo às normas contábeis. O Brasil segue as normas internacionais da contabilidade. O contador responde civil e penalmente por suas ações e por seus auxiliares. A perícia contábil, responsável por comprovar as fraudes contábeis, deve ser exercida pelo contador, que é *expert* no assunto.

A fraude documental é a alteração material ou ideológica de um documento, analisado em perícia de documentoscopia. O estudo da escrita para afirmar sua autenticidade é conhecido como *grafoscopia*. O correto, porém, é usar o termo *documentografoscopia*, que engloba o estudo do documento e da escrita. No Brasil, não há curso de documentoscopia. Em algumas pós-graduações, encontramos uma ou duas disciplinas sobre o assunto.

Com esta obra, nosso objetivo é abordar alguns conceitos e definições sobre as áreas de fraudes documentais e de fraudes contábeis. Também destacamos os tipos de fraudes e suas intenções. Ainda, evidenciamos os crimes relacionados às fraudes contábeis e os relativos às fraudes documentais. Para tanto, dividimos a obra em duas partes, compostas por três capítulos cada.

Na Parte I, tratamos das fraudes documentais, em que, normalmente, há um documento questionado, com indício de falta de veracidade, e um documento-padrão, que se reconhece como verdadeiro. Partindo da análise desses dois documentos, obtemos os estudos dos padrões.

Na Parte II, abordamos as fraudes contábeis, cujos lançamentos alteram o resultado de uma empresa. São muitas as fraudes contábeis praticadas, mas a mais comum, geralmente efetivada por empresários, é a sonegação de impostos via caixa 2 ou contabilidade paralela, com a finalidade de não pagar ou reduzir sua tributação.

Como este não é um livro de direito, mas sim escrito por peritas contábeis e de documentoscopia, não realizamos uma discussão jurídica, apenas indicamos a existência dessa discussão.

As fraudes contábeis e documentais são campos amplos e fascinantes, em que o profissional atuante precisa estar em constante aperfeiçoamento para o bom convencimento do juízo em seu trabalho como perito. Embora os assuntos sejam distintos, eles se entrelaçam no momento em que a fraude documental é usada em favor da fraude contábil.

Desejamos uma excelente leitura e um ótimo aprendizado!

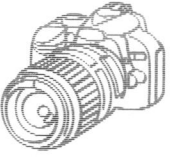

como aproveitar ao máximo este livro

Empregamos nesta obra recursos que visam enriquecer seu aprendizado, facilitar a compreensão dos conteúdos e tornar a leitura mais dinâmica. Conheça a seguir cada uma dessas ferramentas e saiba como estão distribuídas no decorrer deste livro para bem aproveitá-las.

Conteúdos do capítulo
Logo na abertura do capítulo, relacionamos os conteúdos que nele serão abordados.

Após o estudo deste capítulo, você será capaz de:
Antes de iniciarmos nossa abordagem, listamos as habilidades trabalhadas no capítulo e os conhecimentos que você assimilará no decorrer do texto.

Síntese

Ao final de cada capítulo, relacionamos as principais informações nele abordadas a fim de que você avalie as conclusões a que chegou, confirmando-as ou redefinindo-as.

Para saber mais

Sugerimos a leitura de diferentes conteúdos digitais e impressos para que você aprofunde sua aprendizagem e siga buscando conhecimento.

Questões para revisão

Ao realizar estas atividades, você poderá rever os principais conceitos analisados. Ao final do livro, disponibilizamos as respostas às questões para a verificação de sua aprendizagem.

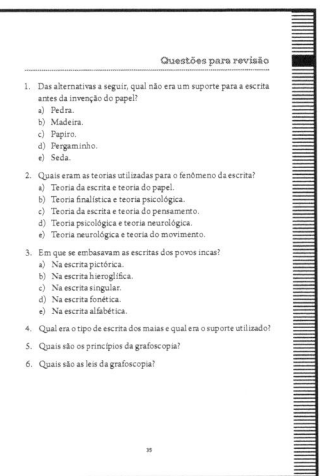

Questões para reflexão

Ao propor estas questões, pretendemos estimular sua reflexão crítica sobre temas que ampliam a discussão dos conteúdos tratados no capítulo, contemplando ideias e experiências que podem ser compartilhadas com seus pares.

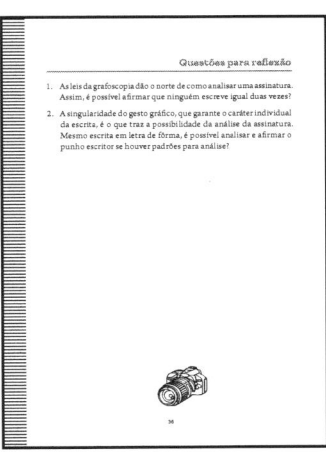

PARTE 1

FRAUDES DOCUMENTAIS

> A vida não é fácil, mas não é difícil se fizermos o que devemos fazer. Às vezes, trilhamos caminhos que não levam a lugar algum e temos de retornar, com o aprendizado de que voltar é melhor que continuar para nenhum lugar.
> Às vezes, sentimo-nos cansados e esgotados. Não é hora de desistir. É somente hora de descansar, respirar e voltar ao caminho da realização. Desistir jamais, pois o feito é melhor que o perfeito.
>
> *Sônia Regina Ribas Timi*

EVOLUÇÃO HISTÓRICA E PRINCIPAIS CONCEITOS

Conteúdos do capítulo:
- História e conceito da documentoscopia.
- História e conceito da grafoscopia.
- Teorias, princípios fundamentais e leis do grafismo.

Após o estudo deste capítulo, você será capaz de:
1. contextualizar historicamente a evolução da ciência da documentoscopia no mundo e no Brasil;
2. compreender a evolução histórica da grafoscopia;
3. aplicar os princípios da grafoscopia;
4. reconhecer as leis do grafismo.

1.1 História e conceito da documentoscopia

O homem procura deixar sua marca e seus registros há muito tempo. Pinturas rupestres em cavernas na região de Chauvet, sul da França, datadas de 40.000 a 28.000 anos atrás, mostram ursos, rinocerontes e cavalos com curvas e traços complexos, aparentemente, em cenas importantes para caçadores coletores que habitaram a região. Contudo, para além das cavernas, o homem se expressou em pedras e madeiras, que permitiram compreender melhor a vida, os rituais e a cultura de povos – como o primeiro Império Babilônico, por meio do Código de Hamurabi, ou como os egípcios e seus hieróglifos, traduzidos com a ajuda da descoberta da Pedra de Roseta, que continha, além da escrita egípcia, o mesmo texto reproduzido em grego e aramaico (Mendes, 2015).

Assim, a relação do homem com os documentos que produz só cresce em importância à medida que a linguagem vai se aprimorando e os registros vão se tornando mais numerosos e acessíveis. É atribuída a Ésquilo, dramaturgo grego que viveu entre 525 a.C. e 456 a.C., a frase que destaca a importância do registro documental para os gregos, ao afirmar para os atenienses "quão útil é e quanto é bom possuir arquivos, esses escritos nos conservam intactos, e não variamos segundo o capricho da opinião" (Mendes, 2015, p. 11).

Para que esse processo torne-se mais numeroso e acessível, a evolução do suporte das ideias é fundamental. Se pedras e madeiras ainda fossem de uso corrente para o registro das atividades humanas, é certo que o número de atividades registradas seria consideravelmente menor. Assim, o surgimento do **papiro** foi um passo essencial para a superação da pedra e da madeira, bem como para a expansão da escrita e do registro das ideias e das atividades humanas (Silva; Feuerharmel, 2013).

O papiro foi usado pelos egípcios, que já registravam sua escrita e suas ideias em pedras, argila e mármore. Esse suporte tem seu nome derivado da planta aquática *cyperus papyrus*, que era abundante no Rio Nilo.

Figura 1.1 – *Cyperus papyrus*

Manfred Ruckszio/Shutterstock

O processo para sua obtenção era relativamente simples, como leciona Lamartine Bizarro Mendes (2015, p. 134):

> a medula do talo da planta era cortada em tiras longas e finas, A seguir eram feitas camadas, em número adequado à espessura que se pretendia dar à folha. O conjunto era fortemente batido com martelos de madeira. Com isso, o suco que impregnava as tiras era libertado e, ao mesmo tempo, servia para colá-las entre si, compactando as camadas. Seca, a folha estava pronta para ser usada.

O uso do papiro no Egito ultrapassou os três mil anos, e sua durabilidade permitiu que alguns exemplares chegassem em excelente estado de conservação até a contemporaneidade. Em outras partes do mundo, como na Itália, o uso de papiro estendeu-se até o século XI. A partir daí, começou a ser amplamente substituído pelo pergaminho.

O **pergaminho** era confeccionado com a pele de animais, mais especificamente de uma das três camadas de pele, a derme (sendo as outras a epiderme e a hipoderme), por meio de limpeza, de secagem e de curtimento. Uma vez realizados esses processos, o pergaminho estava pronto para receber tinta. Outro processo semelhante de preparação para o recebimento de escrita ocorria também no couro, que, além de passar por higienização e secagem, era esticado para melhor servir de suporte para a escrita.

A história dos documentos, no entanto, ganhou nova dimensão inicialmente com uma invenção chinesa. Ts´ai Lun, por volta de 105 a.C., cozeu restos de algodão e de trapos, bateu e esmagou os materiais cozidos até obter uma pasta que formava fibras quando em água. Essas fibras celulósicas tramadas formaram o primeiro **papel**. A folha de papel tramada dessas fibras era colocada em um molde, feito de juncos amarrados com seda ou crina de animal, que, mais tarde, secava em uma espécie de varal (Hunter, 1978).

A técnica desenvolvida por Ts´ai Lun foi bem aceita como suporte para a escrita, resultando no desenvolvimento de uma nova indústria e, consequentemente, no surgimento de uma nova profissão, a de papeleiro. O segredo do papel permaneceu com os chineses até o início das guerras com os árabes, já no século VIII. Durante os conflitos, vários prisioneiros chineses capturados pelos árabes eram papeleiros, o que resultou na compreensão, pelos árabes, dos processos de fabricação de tal suporte.

Mais tarde, com a invasão moura no norte da África e na Península Ibérica, o papel ganhou o mundo e, desde então, tem sido suporte para todo tipo de documento. Sobre o tema, Sylvio do Amaral (2000, p. 1) leciona que, hoje, o documento é, "em latíssimo sentido, a materialização do pensamento humano aplicado às artes, às ciências ou às relações do Estado com os indivíduos e dos indivíduos entre si" ou, nas palavras de Costa (1995, p. 49), "todo e qualquer suporte que ostente o registro gráfico de uma ideia ou pensamento – normalmente representado por escrita sobre papel".

A partir da invenção e da difusão da trama de fibras cozidas, portanto, a maioria dos documentos passou a ser constituída pela expressão da linguagem por meio escrito, tendo como suporte o papel. Esse fato vai ser consolidado com a invenção da **imprensa**, por Gutenberg, por volta de 1440.

No Brasil, inicialmente, o papel era importado. Em 1843, porém, a primeira fábrica se instalou na Bahia, indo à falência logo em seguida, especialmente por não estar em condições técnicas de enfrentar a concorrência do papel estrangeiro. Em 1851, uma nova tentativa foi feita com a instalação de uma fábrica no Rio de Janeiro, mas o resultado foi o mesmo e, em apenas dez anos, a fábrica faliu.

Foi somente a partir de 1920, com a consolidação da fábrica de celulose Companhia Melhoramentos de São Paulo S.A., que a indústria brasileira do papel enfrentou uma fase de expansão significativa, levando o papel nacional a figurar, até hoje, entre os melhores do mundo, em razão do uso pioneiro de eucaliptos para a obtenção de celulose.

A documentoscopia, um "conjunto de conhecimentos técnicos metodicamente aplicados à solução de problemas específicos" (Del Picchia Filho, 2016, p. 44), ou seja, na condição de ciência, surgiu somente contemporaneamente, embora existam registros de "perícias" que visavam determinar a veracidade e a falsidade de documentos já na Antiguidade. A primeira notícia disso é uma obra de Quintiliano, *Institutio Oratoria*, escrita por volta do ano 88, na qual o autor faz recomendações a serem seguidas por peritos.

A falsificação de documentos, por outro lado, é muito mais antiga do que a ciência que visa estudá-la e constatá-la. Jean-François Champollion, famoso egiptólogo do século XIX e responsável por decifrar a Pedra de Roseta, constatou que hieróglifos em murais egípcios foram raspados e alterados no intuito de recontar antigas histórias de batalhas malsucedidas ou, ainda, de dar o mérito de grandes vitórias a comandantes diversos dos que originalmente travaram as batalhas, tendo sido erigidos monumentos em seu louvor (Del Picchia Filho, 2016).

As consolidadas e dinâmicas técnicas de falsificação impuseram grande dificuldade histórica para o desenvolvimento de uma ciência que pudesse ser aceita como confiável nessa área. É por isso que a evolução do estudo da falsidade dos documentos é marcada por erros já mencionados pelo Imperador Justiniano, por volta de 539, em suas novelas, nas quais afirmava que não era possível concluir sobre a veracidade ou a falsidade de documentos com base somente na escrita. Existem diversas técnicas de falsificação, como a lavagem química do papel para tirar a informação, a impressão em modernas impressoras a *laser*, criando um impresso "semelhante" ao oficial, e a falsificação da escrita e da assinatura. A cada dia, uma nova falsificação aparece, como as canetas que escrevem e apagam, dando a oportunidade de alterar a informação original.

Os primeiros vestígios modernos de **perícia documental** são franceses, remontando ao século XII, com a publicação da obra de Simon de Pouvreau de Partenay, *Advis pour juger les inscriptions en faux*, ou conselhos para julgar inscrições falsas. Nesse período, no entanto, ainda não estavam presentes traços de métodos com algum rigor científico.

Em 1570, também na França, a análise de um documento supostamente assinado por Carlos IX abdicando do trono francês, por um conjunto de homens letrados e respeitados, resultou na constatação da falsificação e na criação de uma espécie de sociedade de mestres escribas verificadores (o mais próximo dos peritos da época), a qual gozou de grande prestígio e respeitabilidade. No entanto, os erros históricos e a ausência de métodos consagrados e reproduzíveis continuavam a dificultar o reconhecimento de uma ciência de análise de documentos.

Entre as notórias vítimas dos erros que marcaram esse período moderno da análise de documentos está Mary Stuart, rainha da Escócia, que foi condenada à morte pelo conteúdo de uma série de cartas que implicavam a monarca em uma trama de assassinato, em 1587. Embora tenha morrido negando a autoria dos escritos, tendo em vista que não havia sua assinatura nos documentos, uma junta de peritos, sem esclarecer os métodos utilizados, constatou que a escrita era autêntica e havia partido do punho da rainha.

Foi somente por volta de 1665 que Jacques Raveneau, em seu *Tratado sobre as inscrições falsas*, expôs detalhadamente uma série de processos de falsificação e os meios técnicos de exame para averiguá-las. As técnicas expostas e desenvolvidas por Raveneau marcaram os dois séculos seguintes da perícia na área, que permaneceu estanque até o início do século XIX (Del Picchia Filho, 2016).

Mesmo após os avanços apresentados pela obra de Raveneau, o século XIX foi marcado por enormes erros, sendo o mais famoso deles a prisão de Alfred Dreyfus, em 1894. Esse emblemático caso teve início com a apreensão de documentos na embaixada alemã em Paris. Entre eles, um borderô contendo informações militares secretas do governo francês que, pela qualidade e pelo teor, só poderiam ter partido de um membro do Estado Maior do Exército Francês (Begley, 2010).

Uma rápida comparação da morfologia da escrita do documento apreendido com oficiais do Estado Maior levou à precipitada conclusão de que o Capitão Alfred Dreyfus fora o culpado pelo vazamento das informações, o que resultou em uma acusação de espionagem e na prisão do oficial. Muitos especialistas de diversas áreas atuaram inicialmente no caso. Um perito do Banco da França, um especialista do Ministério de Belas Artes, o chefe do Serviço de Identidade Judiciária da Prefeitura da Polícia de Paris e um gravador, contudo, nenhum deles detinha experiência na área (Begley, 2010).

Três dos especialistas opinaram pela autoria, dando o documento como verídico e produzido pelo punho de Dreyfus. Um quarto perito discordou da conclusão. Ele, no entanto, foi desacreditado e ignorado (Begley, 2010).

Somente com a publicação de uma cópia do documento em um jornal, a família de Alfred Dreyfus teve como questionar os laudos produzidos até então, contratando uma série de especialistas da Inglaterra, da Suíça, da Bélgica e dos Estados Unidos e fornecendo escritas autênticas para comparação (Begley, 2010).

A totalidade dos peritos contratados concluiu que a escrita não pertencia a Dreyfus, o que reacendeu o caso. Mas a libertação de Alfred somente aconteceu após a confissão do verdadeiro autor do documento, Charles-Ferdinand Walsin Esterhazy (Begley, 2010).

Se, por um lado, os erros marcaram de dúvidas o caráter científico da documentoscopia, por outro, a notoriedade e a publicidade envolvidas em alguns casos fizeram com que o campo passasse a ser mais estudado. Assim, no início do século XX, com as publicações dos trabalhos de Rudolph Archibald Reiss (fotografia judiciária), Joseane Ames (falsificações) e Albert S. Osborn (documentos questionados), a documentoscopia começou a fugir do terreno de um empirismo romântico para ganhar corpo como técnica (Mendes, 2015).

Desse momento em diante, com a consolidação de métodos e a ajuda da tecnologia, a documentoscopia passou a gozar do *status* de **ciência**, o que se solidificou na primeira metade do século XX, com a publicação de obras consagradas e com o uso de microscópios modernos, raios ultravioletas, fotografias infravermelho, monocromatizadores e outras tecnologias, fortalecendo métodos e alcançando resultados que permitiram ultrapassar as técnicas de falsificação e avançar para o campo da prevenção.

No Brasil, a evolução da documentoscopia não foi menos turbulenta. Embora Reiss tenha visitado o país já no início do século XX lecionando cursos sobre polícia científica na cidade de São Paulo, o início da análise de documentos foi marcado por erros, sendo o mais famoso o caso Bernardes (Mendes, 2015).

Durante a campanha para a presidência da República em 1921, o jornal *Correio da Manhã* publicou duas cartas atribuídas a Arthur Bernardes, que, após ter ocupado o governo de Minas Gerais, concorria ao cargo de presidente contra Nilo Peçanha, ex-governador do Rio de Janeiro.

As cartas continham declarações ofensivas ao Exército brasileiro e, por isso, o impacto foi imediato, gerando revolta e perplexidade na população. Arthur Bernardes, no entanto, negou a autoria, obrigando o jornal a providenciar provas da veracidade dos documentos. Para tanto, cópia das cartas e de suposta escrita autêntica de Bernardes foram enviadas para Edmond Locard, pai da contemporânea criminologia e especialista em documentoscopia e grafoscopia (Mendes, 2015).

Locard atestou a veracidade dos documentos, que também foi diagnosticada por dois peritos oficiais designados para o caso: Serpa Pinto e General Villeroy. Entretanto, os resultados foram contestados por Edgar Simões, que atestou a falsidade dos documentos (Mendes, 2015).

Antes que o caso fosse esclarecido, ainda atuaram como peritos contratados Salvatore Ottolenghi, fundador da Escola de Polícia de Roma, que indicou que as cartas eram "quase certamente falsas", e Marc Bischoff, aluno de Reiss, que decidiu pela falsidade dos documentos (Del Picchia Filho, 2016, p. 57).

Apenas com a confissão de Oldemar Lacerda, de que havia contratado um professor de caligrafia chamado Jacinto Guimarães para produzir os documentos em questão, visando aplicar um trote em Edmund Bittencourt, fundador do jornal *Correio da Manhã*, o caso ficou esclarecido, para a sorte de Arthur Bernardes, que se tornaria, em março de 1922, presidente da República.

Hoje, a exemplo do que ocorreu nos demais países, o Brasil adota tecnologias e métodos contemporâneos para a análise forense de documentos, gozando da credibilidade e da cientificidade da documentoscopia para a instrução de processos tanto na esfera penal quanto no âmbito cível.

Depois do rápido apanhado histórico, agora já é possível trazermos um conceito de *documentoscopia*: "Um capítulo da criminalística que tem por objetivo específico verificar a autenticidade ou determinar a autoria dos documentos" (Del Picchia Filho, 2016, p. 71), valendo-se, para tanto, de todos os conhecimentos disponíveis e úteis nas diversas ciências que podem ser aplicadas, dependendo de cada caso. A documentoscopia abrange a grafotécnica, que visa determinar padrões de escrita e sua autoria; a mecanografia; a análise de alterações de documentos; os exames de moedas metálicas, selos, papel-moeda, tintas e instrumentos escritores, com o objetivo de identificar a falsidade documental, seus autores e os meios empregados (Mendes, 2015).

Antes da análise detalhada da documentoscopia e de seus métodos, vamos tratar da história e do conceito da grafoscopia, ciência inserida na documentoscopia cujo objetivo é o estudo das escritas, com vistas a determinar sua autoria, sua veracidade ou sua falsidade.

1.2 História e conceito da grafoscopia

Se o papel tornou-se, na história, o principal suporte para o documento, a escrita é, sem dúvida, a principal forma de expressar uma ideia. Assim, se o documento é, vulgarmente, "a peça em que se registra uma ideia" (Del Picchia Filho, 2016, p. 71), a escrita sobre o papel é a manifestação contemporânea mais comum de um documento. Dessa forma, o estudo da escrita é fundamental para constatar a autoria, a veracidade ou a falsidade do documento, das informações ali prestadas e da integridade destas.

Inicialmente, a escrita ocorria de maneira **pictórica**, caracterizada por desenhos simples que guardavam semelhança com cada objeto ou ser que desejava representar. Esses desenhos, no entanto, apresentavam significativa limitação, visto que não podiam expressar com sucesso sentimentos, por exemplo (Mendes, 2015).

Os primeiros registros escritos do homem que contavam com um sistema mais complexo do que o pictórico datam de, aproximadamente, 7 mil anos, remontando ao Egito, à Suméria e à Assíria. No caso dos egípcios, a escrita, inicialmente exclusiva dos sacerdotes, era chamada de *escrita sagrada* ou **hieróglifo**. Usavam-se símbolos para formar um alfabeto, valendo-se, assim, de conjuntos de símbolos para formar ideias, descrever objetos, narrar cenas cotidianas, entre outros.

Enquanto os egípcios se valiam de hieróglifos, na mesma época, assírios, babilônios e sumérios utilizavam uma haste de madeira com diferentes tamanhos de desenho para marcar placas de argila. O nome do instrumento de madeira era *cuneu*, razão pela qual essa escrita ficou conhecida como **cuneiforme**. Talvez o documento mais famoso gravado por esse método seja o Código de Hamurabi, datado de 2600 a.C., contendo 46 colunas e 3.600 linhas de escrita.

As escritas hieroglíficas e cuneiforme foram mais bem-sucedidas que a pictórica na narrativa de objetos e situações, mas ainda apresentavam limitações na expressão de sentimentos, como dor e fome, além de serem ineficientes nas reflexões sobre a vida. Assim, foi inventado um novo sistema de escrita, conhecido como ***ideográfico***, que adotava símbolos não para representar objetos ou letras, mas ideias diretamente.

Esse sistema difundiu-se mais no Oriente, principalmente na China e no Japão, países em que os ideogramas são usados até hoje.

Há, no entanto, um problema com o sistema ideográfico. Tendo em vista que os sentimentos podem ser infinitos, o número de ideogramas tende a ser muito numeroso e, consequentemente, o aprendizado da escrita dificilmente se populariza de maneira adequada. Durante uma conferência nacional realizada em Nanquim,

> em 1932, discutiu-se a modificação do sistema gráfico, para que se tornasse mais fácil. Um chinês letrado tinha a necessidade de conhecer de 8 a 9 mil caracteres, dos 50.000 existentes, o que constituía uma tarefa árdua. A comissão nomeada para esses estudos teve o prazo de vinte anos para apresentar a sua proposta, o que não ocorreu até o presente. (Mendes, 2015, p. 7)

No Ocidente, a evolução da escrita passou pela atribuição de sons a cada sinal, tornando-a **fonética** e popularizando alfabetos fonéticos, que chegaram até os dias de hoje. Assim, os símbolos utilizados em conjunto ou sozinhos para exprimir objetos, seres e ideias passaram a ser empregados foneticamente para representar uma ou várias sílabas.

Com o desenvolvimento das escritas fonéticas, dois importantes **alfabetos** surgiram por volta de 1200 a.C.: o fenício e o grego. Embora tenham levado alguns anos para sua consolidação, esses alfabetos deram origem ao latino, que, mais tarde, evoluiu para os alfabetos modernos do Ocidente (Mendes, 2015).

Assim, durante a história da evolução da escrita, é possível identificar dois grandes grupos de sistemas de escrita. De um lado, um que indica ideias, objetos e seres de forma direta, como é o caso das escritas ideográfica e pictográfica, e, de outro, os que procuram representar a língua falada, a escrita fonética para a qual evoluíram os alfabetos egípcio, fenício e grego. Ao primeiro grupo, dá-se o nome de *semasiográfico*; ao segundo, dá-se o nome de *glotográfico*.

É justamente desse segundo grupo, o dos sistemas de escrita representando a língua falada, que vão derivar as escritas **fonográficas**, as quais, eventualmente, utilizarão o sistema alfabético que temos hoje (Silva; Feuerharmel, 2013).

No continente americano, antes da chegada dos europeus, astecas, maias e incas já tinham desenvolvido seus meios de escrita, ainda utilizando a pedra, a madeira e a argila como principais suportes para os registros de suas ideias e atividades.

Pela particular dificuldade da compreensão de uma escrita que misturava símbolos e pictogramas, todos os documentos pré-colombianos astecas que sobreviveram têm seu conteúdo contestado e disputado na comunidade cientifica. Já os documentos que datam de anos posteriores à chegada dos espanhóis sofrem clara influência destes, apresentando uma estrutura fonética, não podendo, portanto, ser atribuídos aos astecas e à sua escrita singular de maneira pura (Mendes, 2015).

Os incas, povo que habitou a região atual de Peru, norte do Chile e da Argentina, Equador e parte da Bolívia, tinham uma língua falada que não se traduzia de forma fonética nos escritos encontrados. Sobre seu sistema gráfico, até o presente momento, pouco ou nada sabemos. Embora alguns documentos lembrem uma escrita hieroglífica, não foi possível a tradução ou o reconhecimento de eventuais caracteres pictóricos que representassem cenas ou objetos conhecidos (Mendes, 2015).

No que diz respeito aos maias, que ocuparam os territórios da atual Península de Iucatã, da Guatemala e de Honduras, sua escrita era do tipo pictórica, e os suportes mais utilizados eram tijolos de arenito, que cobrem os monumentos com grupos retangulares. A decifração da língua escrita do povo maia levou mais de 150 anos e, até hoje, nem todos os escritos que se encontram descobertos foram traduzidos, visto que, somente em 1995, a comunidade acadêmica chegou a um consenso sobre o significado dos diferentes hieróglifos e de sua variação nas diversas fases desse povo (Mendes, 2015).

1.3 Teorias, princípios fundamentais e leis do grafismo

Mais interessante do que a evolução da escrita é compreender como o fenômeno ocorre. Para explicá-lo, existem duas teorias.

A **teoria neurológica** afirma que "existe no cérebro um centro nervoso que comanda a escrita – o *calamuns scriptorius* – localizado na segunda circunvolução parietal esquerda do cérebro" (Mendes, 2015, p. 18). Sustentando essa teoria, existem provas de que uma lesão nessa parte específica do cérebro pode afetar consideravelmente o gesto gráfico ou até mesmo inibi-lo, impedindo, assim, o indivíduo de escrever.

O gesto gráfico, então, é aprendido pela cópia de modelos, gerando movimentos armazenados no centro nervoso que comanda a escrita. Uma vez compreendidos os movimentos, cessa a fase de cópia, e o centro nervoso comanda movimentos musculares que geram o gesto gráfico instalado. Dessa forma, "a escrita é a expressão muscular do centro nervoso do grafismo" (Mendes, 2015, p. 19).

Compreendidas as fases descritas, é possível afirmar que, para a teoria neurológica, o gesto gráfico requer a visão das palavras escritas, o entendimento de seu sentido e a possibilidade de exprimir ideias. Cada uma dessas atividades (ver a escrita, compreender a escrita e expressar ideias) tem seu lugar específico no cérebro humano, exigindo complexa atividade e a coordenação de dois centros nervosos distintos. O primeiro é o centro motor cortical primário, responsável pelo movimento do membro escritor, e o segundo é o centro cortical secundário, responsável pela lembrança das imagens motoras gráficas. O centro cortical secundário é o centro psíquico, intelectual ou psicológico da escrita (Mendes, 2015).

A **teoria psicológica**, por sua vez, vale-se da ideia psicanalítica de que temos um consciente e um inconsciente. A parte consciente, também conhecida como *mente objetiva*, seria responsável por tomar conhecimento do mundo exterior por meio dos sentidos, da observação, da experiência e da educação. Essas experiências alimentam também o subconsciente por outros canais, como a memória, a intuição e as emoções. Essa teoria, portanto, conclui que a escrita é um gesto aprendido:

> assim, tudo quando a mente consciente capta dos movimentos que são necessários para criar determinadas formas gráficas que é jogado no subconsciente, que é o depositário da memória dessas experiências. Desta forma, a escrita é a memorização de tudo quanto o consciente experimentou no campo da grafia e, por isso, é produto da mente subconsciente. (Mendes, 2015, p. 22)

Isso significa que, embora a vontade de escrever seja iniciada pelo consciente, é o subconsciente que determina o movimento e move a musculatura do braço e da mão para que a escrita se materialize.

Assim, é possível afirmar que a diferença entre a teoria neurológica e a teoria psicológica reside, principalmente, no sistema por onde passa o comando nervoso que determina os movimentos da escrita. Para a teoria neurológica, os comandos que estabelecem o movimento da escrita passam pelo sistema cérebro-espinhal. Para a teoria psicológica, tais impulsos passam pelo sistema simpático, que é parte do sistema nervoso autônomo e, portanto, comanda movimentos e ações de maneira involuntária (Mendes, 2015).

Para a grafoscopia, o fato de o movimento gráfico ser produto do subconsciente e viajar pelo sistema nervoso autônomo é de suma importância, tendo em vista que, segundo a teoria, a mente subconsciente é superada pela mente consciente no momento da escrita, traindo as tentativas de um falsário de reproduzir uma escrita que não é sua, ou de alterar a própria escrita, sempre deixando características de seu grafismo, as quais podem ser detectadas com o auxílio dos métodos e dos equipamentos dessa ciência.

Com base nessas teorias, Edmond Solange Pellat, um dos fundadores da ciência grafoscópica, elaborou dois princípios fundamentais do gesto gráfico e quatro leis que regem o grafismo.

O **primeiro princípio** dita que a escrita é individual. Visto que a manifestação das funções cerebrais que comandam a escrita varia de pessoa para pessoa, no que diz respeito tanto aos centros nervosos quanto às funções somáticas, o grafismo de cada indivíduo apresenta características singulares. Se assim não fosse, a perícia grafotécnica seria impossível (Pellat, 2015).

O **segundo princípio** fundamental é de que as leis da escrita independem do alfabeto utilizado. O que interessa na grafoscopia não são as formas alfabéticas, que variam consideravelmente, mas sim os movimentos do punho comandados pelo cérebro. Caso contrário, as assinaturas que não são compostas de caracteres definidos não poderiam ser examinadas (Pellat, 2015).

Com base nos princípios fundamentais, são estabelecidas as quatro leis do grafismo. A **primeira lei** determina que o gesto gráfico está sob influência direta do cérebro, e isso significa que a manifestação da escrita não é modificada pelo órgão escritor se este estiver funcionando normalmente. Isso porque braço e punho são somente instrumentos do gesto gráfico.

Como visto anteriormente, embora o gesto gráfico exija uma vontade consciente, sua manifestação é obra do inconsciente por meio de formas estereotipadas na memória. A prova definitiva da influência do cérebro no gesto gráfico está no fato de que "embora a parte somática do órgão escritor esteja funcionando normalmente e adaptado à função, uma lesão no centro cerebral da escrita impede o homem de realizar o gesto" (Mendes, 2015, p. 26).

A **segunda lei** do grafismo afirma que,

> quando alguém escreve, seu "eu" está na função. Mas o sentimento quase inconsciente dessa ação passa por alternativas de

intensidade entre o máximo, onde existe um esforço a fazer, e o mínimo, quando este movimento segue o impulso adquirido. Assim, o máximo de intensidade se refere à ação do consciente e, o mínimo, à expressão do inconsciente. (Mendes, 2015, p. 26)

A **terceira lei** determina que "a escrita habitual não poderá ser modificada voluntariamente num determinado momento, senão pela introdução, em seus traços, do esforço dispensado par obter essa modificação" (Mendes, 2015, p. 26).

A escrita, como já ressaltamos, é produto do subconsciente, que prevalece, nesse caso, sobre o consciente. Qualquer tentativa deliberada de alterar o movimento gráfico deixa marcas do conflito gerado pela tentativa consciente em oposição ao hábito inconsciente.

E, finalmente, a **quarta lei** do grafismo determina que "o escritor que age em circunstâncias em que o ato de escrever é particularmente difícil traça, instintivamente, ou formas de letras que lhe são mais costumeiras, ou mais simples, de esquema mais fácil de ser construído" (Pellat, 2015).

Del Picchia Filho (2016, p. 135) esclarece que

> essa lei deve ser lembrada quando se examinam escritas produzidas em condições anormais: doentes nos leitos, pessoas que escrevem em veículos em movimento, ou com penas em mau estado de uso etc. Em virtude dessas dificuldades, ocorre, algumas vezes, o fenômeno conhecido sob a designação de reminiscência gráfica. O escritor passa a empregar formas gráficas aprendidas anteriormente, em regra mais simples do que as novas posteriormente adotadas.

A singularidade do gesto gráfico, que garante o caráter individual da escrita, faz com que a grafoscopia seja, talvez, a parte mais importante da documentoscopia, além de ser a mais requisitada. O objetivo da grafoscopia é "determinar se lançamentos manuscritos questionados foram produzidos pelo mesmo indivíduo que produziu lançamentos manuscritos tomados como padrão" (Silva; Feuerharmel, 2013, p. 88) por meio da determinação dos gestos gráficos característicos de cada escrita e seu confronto.

Assim, considerando esse objetivo, é possível conceituar a *grafoscopia* como "a área da documentoscopia que se presta ao exame em escritos, com o principal objetivo de determinar se foram produzidos pelo mesmo indivíduo" (Silva; Feuerharmel, 2013, p. 89) ou, ainda, como "o capítulo da documentoscopia que tem por objetivo verificar a autenticidade ou determinar a autoria dos grafismos" (Del Picchia Filho, 2016, p. 125).

É importante observar que a escrita correta do termo é a *documentografoscopia*, pois a grafoscopia está inserida na documentoscopia, e não o contrário, como muitas vezes se verifica.

Figura 1.2 – Relação entre documentografoscopia, documentoscopia e grafoscopia

A grafoscopia tem como objetivo o estudo da escrita e a análise da formação gráfica de determinada pessoa. A grafologia estuda a personalidade, os distúrbios e o caráter da pessoa analisando sua escrita. São duas ciências distintas: a grafoscopia, que faz parte da criminalística, e a grafologia, que faz parte da psicologia.

Depois de sintetizada a evolução histórica da escrita, os fundamentos e as leis do grafismo e, consequentemente, o objetivo e o conceito da grafoscopia, vamos analisar mais detalhadamente, no capítulo seguinte, a documentoscopia e a grafoscopia.

Síntese

Neste capítulo, abordamos a história e a evolução da ciência da documentoscopia no Brasil e no mundo. Apresentamos a evolução histórica da grafoscopia como ciência e tratamos dos princípios da grafoscopia e das leis do grafismo, os quais devem orientar os profissionais da área em seus estudos e em suas análises.

Para saber mais

ASSOCIAÇÃO BRASILEIRA DE CRIMINALÍSTICA. Disponível em: <http://rbc.org.br>. Acesso em: 8 nov. 2019.
    Consulte o *site* da Associação Brasileira de Criminalística e acesse diversos artigos sobre perícias, além de muita bibliografia.

MENDES, L. B. **Documentoscopia**. Cap. 1. Disponível em: <http://www.millenniumeditora.com.br/trechos/Trecho_Documentoscopia%204ed.pdf>. Acesso em: 8 nov. 2019.
    No endereço eletrônico indicado, você encontra um estudo sobre a evolução da escrita. A leitura sempre é bem-vinda para aprofundar seus conhecimentos.

Questões para revisão

1. Das alternativas a seguir, qual não era um suporte para a escrita antes da invenção do papel?
   a) Pedra.
   b) Madeira.
   c) Papiro.
   d) Pergaminho.
   e) Seda.

2. Quais eram as teorias utilizadas para o fenômeno da escrita?
   a) Teoria da escrita e teoria do papel.
   b) Teoria finalística e teoria psicológica.
   c) Teoria da escrita e teoria do pensamento.
   d) Teoria psicológica e teoria neurológica.
   e) Teoria neurológica e teoria do movimento.

3. Em que se embasavam as escritas dos povos incas?
   a) Na escrita pictórica.
   b) Na escrita hieroglífica.
   c) Na escrita singular.
   d) Na escrita fonética.
   e) Na escrita alfabética.

4. Qual era o tipo de escrita dos maias e qual era o suporte utilizado?

5. Quais são os princípios da grafoscopia?

6. Quais são as leis da grafoscopia?

Questões para reflexão

1. As leis da grafoscopia dão o norte de como analisar uma assinatura. Assim, é possível afirmar que ninguém escreve igual duas vezes?

2. A singularidade do gesto gráfico, que garante o caráter individual da escrita, é o que traz a possibilidade da análise da assinatura. Mesmo escrita em letra de fôrma, é possível analisar e afirmar o punho escritor se houver padrões para análise?

DOCUMENTOSCOPIA

Conteúdos do capítulo:
- Fraude documental.
- Alterações físicas de documentos e sua verificação.
- Alterações cronológicas e sua verificação.
- Documentos questionados e padrões de confronto.

Após o estudo deste capítulo, você será capaz de:
1. identificar as formas de fraudes documentais;
2. compreender o que é um documento com alteração física e o que é uma alteração ideológica;
3. reconhecer um documento questionado e um documento-padrão.

2.1 Fraude documental

O objetivo da documentoscopia é averiguar a legitimidade, a autenticidade ou a integridade de determinado documento. Essa análise pode ser feita, no que diz respeito à autenticidade ou à legitimidade, verificando-se a procedência, ou seja, se emitido pela pessoa, pelo órgão ou pela entidade que deveria ter produzido o documento. Mas a verificação pode ser relativa também à integridade do documento, de modo a identificar alterações físicas ou cronológicas.

Na documentoscopia, falsificações ideológicas são difíceis de detectar, pois não deixam vestígios. Mais próprias do campo em análise são as alterações físicas, que passamos a analisar a seguir.

Antes de iniciarmos o estudo técnico das falsidades, dos instrumentos e dos processos periciais para sua constatação, é importante abordarmos alguns aspectos jurídicos sobre a falsidade documental. O Código Penal brasileiro trata dos **crimes de falsidade documental** em seu Capítulo III, arts. 296 a 305 (Brasil, 1940).

O que mais nos interessa, no entanto, é a leitura dos arts. 297, 298 e 299, tendo em vista que neles são mencionados os crimes que mais levantam dúvidas para o trabalho do perito, inclusive quanto à

sua competência. O art. 297* do Código Penal trata da falsificação de documento público, o art. 298** aborda a falsificação de documento privado, e o art. 299*** determina a falsidade ideológica.
Em primeiro lugar, a leitura dos dispositivos, em especial dos arts. 297 e 298, permite a conclusão de que a falsidade de documentos públicos é encarada com maior gravidade do que a falsificação de documentos particulares. Afirmamos isso tendo em vista que a pena para a falsificação de documentos públicos é de reclusão de dois a seis

* "Art. 297. Falsificar, no todo ou em parte, documento público, ou alterar documento público verdadeiro: Pena - reclusão, de dois a seis anos, e multa. § 1º − Se o agente é funcionário público, e comete o crime prevalecendo-se do cargo, aumenta-se a pena de sexta parte. § 2º Para os efeitos penais, equiparam-se a documento público o emanado de entidade paraestatal, o título ao portador ou transmissível por endosso, as ações de sociedade comercial, os livros mercantis e o testamento particular. § 3º Nas mesmas penas incorre quem insere ou faz inserir: I − na folha de pagamento ou em documento de informações que seja destinado a fazer prova perante a previdência social, pessoa que não possua a qualidade de segurado obrigatório; II − na Carteira de Trabalho e Previdência Social do empregado ou em documento que deva produzir efeito perante a previdência social, declaração falsa ou diversa da que deveria ter sido escrita; III − em documento contábil ou em qualquer outro documento relacionado com as obrigações da empresa perante a previdência social, declaração falsa ou diversa da que deveria ter constado. § 4º Nas mesmas penas incorre quem omite, nos documentos mencionados no § 3º, nome do segurado e seus dados pessoais, a remuneração, a vigência do contrato de trabalho ou de prestação de serviços." (Brasil, 1940)

** "Art. 298. Falsificar, no todo ou em parte, documento particular ou alterar documento particular verdadeiro: Pena − reclusão, de um a cinco anos, e multa. [...] Parágrafo único. Para fins do disposto no *caput*, equipara-se a documento particular o cartão de crédito ou débito." (Brasil, 1940)

*** "Art. 299. Omitir, em documento público ou particular, declaração que dele devia constar, ou nele inserir ou fazer inserir declaração falsa ou diversa da que devia ser escrita, com o fim de prejudicar direito, criar obrigação ou alterar a verdade sobre fato juridicamente relevante: Pena − reclusão, de um a cinco anos, e multa, se o documento é público, e reclusão de um a três anos, e multa, se o documento é particular. Parágrafo único. Se o agente é funcionário público, e comete o crime prevalecendo-se do cargo, ou se a falsificação ou alteração é de assentamento de registro civil, aumenta-se a pena de sexta parte." (Brasil, 1940)

anos, ao passo que a pena prevista para a falsificação de documento particular é de reclusão de um a cinco anos. Tal fato, por si só, já mostra a compreensão do legislador sobre a maior gravidade de um crime em detrimento do outro.

Segundo Sylvio do Amaral (2000, p. 9), verifica-se essa característica porque a

> violação da verdade expressa nos documentos emitidos pelo Estado afeta diretamente o prestígio da organização política, além de atingir a fé pública inspirada pelo documento violado. Em torno do Estado existe a presunção de veracidade de todas as suas manifestações, documentais ou não, de modo tal que qualquer ato atentatório dessa presunção repercute desmesuradamente na confiança coletiva, fazendo periclitar um dos fatores fundamentais da harmonia e da ordem nas relações do cidadão com o Estado. Assim, pois, o crédito incondicionado que os documentos expedidos pelo Estado merecem do povo faz com que seja incomparavelmente maior a possibilidade de dano decorrente da falsificação desses documentos.

Além disso, a leitura dos crimes de falsidade documental permite a extração de seus **requisitos**, visando determinar exatamente em que circunstâncias é possível afirmar que o ilícito está configurado. A doutrina majoritária indica quatro requisitos do crime de falsidade documental, tanto no caso dos documentos públicos quanto no caso dos documentos privados. Esses requisitos são: alteração da verdade sobre fato juridicamente relevante, imitação da verdade, potencialidade de dano e dolo.

Como é possível perceber, dois dos requisitos estão implícitos. O primeiro é a existência de dolo, que fica claro pela ausência da modalidade culposa do delito, e o segundo é a potencialidade do dano, que também conforme abalizada doutrina, não precisa estar expressamente descrito no tipo para que tenha sua necessidade reconhecida.

Já quanto aos elementos explícitos, os verbos utilizados em ambos os tipos penais, na falsidade de documento público e na falsidade de documento privado, dão conta de exigir alteração da verdade ou imitação da verdade. No que diz respeito à alteração da verdade, o objetivo fundamental do delito de falsidade documental é configurado quando o falsário modifica as condições verdadeiras expressas no documento sobre um fato ou uma relação jurídica, "substituindo a feição real das coisas por uma encenação mendaz" (Amaral, 2000, p. 61).

Sylvio do Amaral (2000, p. 62) leciona, ainda, que "a alteração da verdade realiza-se através da formação do documento falso ou da modificação ou supressão do documento verdadeiro, representando o agente, por esses meios, uma situação inexistente na realidade". O autor segue afirmando que,

> realmente, o falsário que cria um documento falso modifica a realidade das coisas tanto quanto aquele que adultera o documento verdadeiro. A verdade à face da Terra pode ser falseada por qualquer destes dois meios, indistintamente: pela deturpação dos elementos existentes ou pela criação falsa de elemento novo pois, a ausência deste, ou o lugar vago que passou a ocupar, faziam parte da realidade terrena, material ou moralmente considerada. (Amaral, 2000, p. 63)

Além da alteração da verdade, o crime de documento falso exige que essa alteração tenha relevância jurídica, ou seja, ainda que haja falseio da verdade em um documento, se isso não resulta na alteração de direitos, na constituição ou na modificação de obrigações ou em outra repercussão jurídica que o valha para o agente falsário, para a vítima ou para ambos, não há crime de falsidade documental.

O requisito de imitação da verdade é o meio de alcançar o resultado pretendido pelo falsário, isto é, o documento adulterado ou criado com o intuito de falsear a verdade, produzindo efeitos juridicamente relevantes, deve parecer verdadeiro, não sendo possível conceber um falso que não possa enganar, por semelhança ao verdadeiro, no que diz respeito ao meio material. Se o meio material é grosseiramente dessemelhante ao meio verdadeiro, voluntária ou involuntariamente, por imperícia do falsário, o crime de falsidade documental não se configura.

Um exemplo de imitação da verdade que não caracteriza falsidade documental, porque voluntariamente grosseira, é a reprodução de papel-moeda para fins de propaganda, com dizeres que substituem o do verdadeiro papel-moeda por nomes de loja, por exemplo, com o uso de papéis que em nada se assemelham ao papel-moeda, nem em sua textura e gramatura, nem em suas dimensões, conforme a Figura 2.1, a seguir. Observe que existe uma logomarca nada semelhante à de uma nota verdadeira de cem reais.

Figura 2.1 – Imagem de nota de cem reais utilizada na publicidade

Assim, resta claro que o falso deve imitar as condições materiais do verdadeiro o suficiente para enganar o homem comum, como mostra o exemplo da Figura 2.2, a seguir.

Figura 2.2 – Comparação entre nota verdadeira e nota falsa de cem reais

Verdadeira | Modelo Banco Central

Falsa

Quanto ao critério do prejuízo potencial, o crime de falsidade documental estará configurado se o falso puder causar prejuízo, ainda que esse prejuízo não se realize. O entendimento de Sylvio do Amaral (2000, p. 75), nesse sentido, é de que doutrinadores

> entendem que o Direito Penal não deve ocupar-se dos casos em que o falso, por causa da inépcia do autor, ou em virtude de condições jurídicas que rodeiam os fatos envolvidos, é evidentemente incapaz de produzir qualquer prejuízo. O procedimento sem dúvida imoral do falsário, em exemplos tais, embora de todo reprovável segundo o critério ético, sempre se reputou, debaixo do prisma jurídico-penal, um *minimum* de que *non curat praetor**.

Assim, fica claro que os requisitos para a existência de crime de falsidade documental devem apresentar-se a um só tempo em

---

* Expressão latina que significa, em tradução livre, "o pretor não cuida de coisas pequenas", querendo dizer que certo nível de malfeito, por mais que eticamente possa ser reprovado, é insignificante para o direito, especialmente para o direito penal.

determinado caso concreto e, ainda, inter-relacionam-se. A potencialidade do prejuízo, por exemplo, está diretamente ligada à relevância jurídica do falseamento da verdade e da adequada imitação da verdade, visto que, se um falso não tem condições para enganar o homem comum, não tem prejuízo potencial e, se o falso não tem relevância jurídica, não pode produzir prejuízo que afete a esfera dos direitos. Como exemplo, mostramos as cédulas de cinquenta reais na Figura 2.3, a seguir. Uma delas constitui uma falsificação precária, mas o homem comum, somente com uma nota na mão, não teria como atestar qual é a verdadeira.

Figura 2.3 – Notas de cinquenta reais

Além disso, para que o falsário produza um falso documento que tenha relevância jurídica e que engane o homem comum, é preciso que dolosamente o faça, deliberadamente falseando a verdade, pois "o próprio conceito essencial de falsificação apresenta um aspecto de voluntariedade que leva à afirmação da regra de que o crime de falsidade deve ser sempre doloso" (Amaral, 2000, p. 81).

Então, você conseguiu saber qual é a nota falsa de cinquenta reais? Preste atenção no início do número 5 nas duas notas.

Figura 2.4 – Notas de cinquenta reais: falsa e verdadeira

Falsa

Verdadeira

Diferentemente da falsidade documental, seja de documento público, seja de documento particular, o crime de falsidade ideológica previsto no art. 299 do Código Penal (Brasil, 1940) apresenta outras hipóteses e requisitos, valendo-se, inclusive, de verbos distintos para descrever a conduta delituosa. Assim, se, na falsidade documental, os verbos eram *falsificar* ou *alterar*, na falsidade ideológica, o legislador se valeu dos verbos *omitir* e *inserir* ou *fazer inserir*.

Tendo em vista o texto de lei, a falsidade ideológica pode apresentar-se de diferentes formas. A primeira é a forma **omissiva**, que consiste, basicamente, em omitir em documento, seja público, seja privado, declaração que dele deveria constar, como fica evidente na primeira parte do tipo penal. A segunda é a forma **comissiva**, mais variada. É possível constatar que cabem no tipo penal a inserção de declaração falsa, a inserção de declaração diversa daquela que deveria ser escrita, ou fazer inserir declaração falsa ou, ainda, fazer inserir declaração diversa da que deveria ser escrita (Brasil, 1940).

A declaração falsa, no caso das formas comissivas do delito, é aquela que resulta de uma afirmação falsa do agente, ao passo que a declaração diversa da que deveria ser escrita é a substituição de uma declaração verdadeira e relevante por outra que não guarda verdade ou relevância jurídica. Veja, na Figura 2.5, a seguir, que o falsário inventou o nome de um cartório – Tabelionato Lemes – e um endereço da cidade de Almirante Tamandaré, no Paraná. Não existe tabelionato algum com esse nome, e a cidade de Almirante Tamandaré não faz parte da comarca de Curitiba.

Figura 2.5 – Documento falso

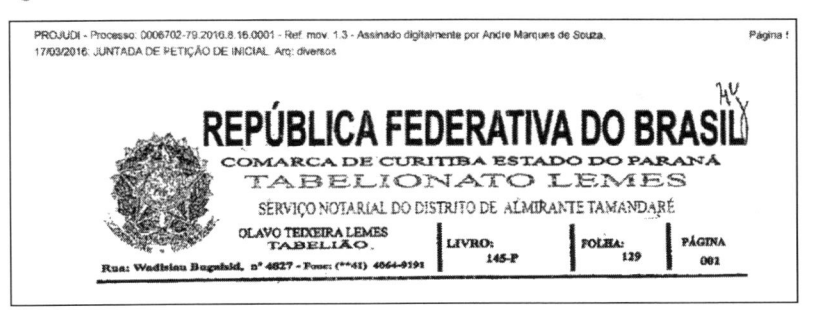

```
PROJUDI - Processo: 0006702-79.2016.8.16.0001 - Ref. mov. 1.3 - Assinado digitalmente por Andre Marques de Souza.    Página 1
17/03/2016: JUNTADA DE PETIÇÃO DE INICIAL  Arq: diversos
```

REPÚBLICA FEDERATIVA DO BRASIL
COMARCA DE CURITIBA ESTADO DO PARANÁ
TABELIONATO LEMES
SERVIÇO NOTARIAL DO DISTRITO DE ALMIRANTE TAMANDARÉ
OLAVO TEIXEIRA LEMES
TABELIÃO.
Rua: Wadislau Bugalski, n° 4827 - Fone: (**41) 4664-9191 | LIVRO: 145-P | FOLHA: 129 | PÁGINA 001

O crime de falsidade ideológica comporta **autoria** imediata ou mediata, sendo a primeira configurada pela ação direta do agente, que insere ou omite a informação. Já a segunda, a autoria mediata, ocorre quando o agente faz inserir. Aquele que efetivamente insere a informação falsa, ou diversa da que deveria ser escrita, pode ser mero instrumento material do agente autor do delito, caso não saiba que está inserindo informação falsa ou diversa da que deveria ser escrita, ou, também, pode ser considerado coautor, se tiver conhecimento do conteúdo falso ou diverso do que deveria ser escrito e da ação delituosa do agente.

Sobre uma melhor distinção entre os crimes de falsidade documental e os de falsidade ideológica, Sylvio do Amaral (2000, p. 49) esclarece:

> o documento pode apresentar-se falso sob dois aspectos fundamentalmente diversos: num caso, o vício recai sobre a exterioridade do documento; no outro, sobre o sentido das declarações que o documento devia conter. Nesta hipótese, costuma-se dizer que a falsidade é ideológica. Naquela a falsidade é chamada material.

Assim, a falsidade material, característica dos crimes de falsidade documental citados, resulta na adulteração física do documento e de seu conteúdo; já a falsidade ideológica resume-se a uma mentira que foi transcrita para o papel. É possível, inclusive, afirmar que, quanto à falsidade ideológica, o documento é extrinsecamente, fisicamente, verdadeiro, embora seu conteúdo omita ou falseie a verdade.

A falsificação de documento por meio de alterações físicas é o que interessa majoritariamente ao perito, embora a inserção de assinatura falsa ou de conteúdo falso em documentos assinados em branco, por exemplo, podendo configurar falsidade ideológica, também seja demasiada frequente e, portanto, usual no dia a dia do perito documentoscópico.

2.1.1 Alterações físicas de documentos e sua verificação

De acordo com a previsão legal e o escólio de Erick Simões da Camara e Silva, um "documento produzido pode ter alterações de duas ordens: materiais e ideológicas. Conceitua-se alteração material como a modificação por processos físicos ou químicos de qualquer parte do documento" (Silva; Feuerharmel, 2013, p. 359). Portanto, essas alterações físicas deixam vestígios e são exatamente o centro da atuação do perito em documentoscopia.

Basicamente, os documentos podem ser fisicamente alterados por quatro processos: rasuras, reagentes químicos, acréscimos e recortes (Del Picchia Filho, 2016).

As **rasuras** são, talvez, o método mais antigo de alteração de documento de que se tem notícia. Sua forma é o simples atrito sobre a superfície do documento, utilizando-se de borracha ou outro instrumento que promova a "raspadura" do conteúdo.

A alteração de documentos por rasura pode ser superficial, rasa ou profunda. É, normalmente, grosseira e de fácil percepção, não sendo mais utilizada de forma corriqueira, especialmente após o advento do papel e sua popularização.

Os principais vestígios deixados pela rasura que podem ser verificados por simples inspeção ocular são a transparência do papel, a diferença de brilho do encolamento – ou do *encolage* – e a escrita apagada remanescente. A transparência do papel é verificada colocando-o contra a luz e observando se a parte que se desconfia rasurada permite a passagem de raios luminosos com mais facilidade. É um exame instintivo que, no entanto, não pode ser considerado conclusivo, pois pode variar por diversos motivos, como em razão da gramatura do papel, da profundidade da rasura, do uso de selos no verso do papel ou de carimbos, ou mesmo de massa irregular do papel utilizado, que permite a passagem de raios luminosos de forma diferente por toda a sua extensão (Del Picchia Filho, 2016). A Figura 2.6, a seguir, apresenta o fragmento de uma certidão de nascimento. Na primeira imagem, está o nome dos avós paternos; na segunda, o nome da avó paterna foi raspado.

Figura 2.6 – Comparação de fragmento de certidão de nascimento

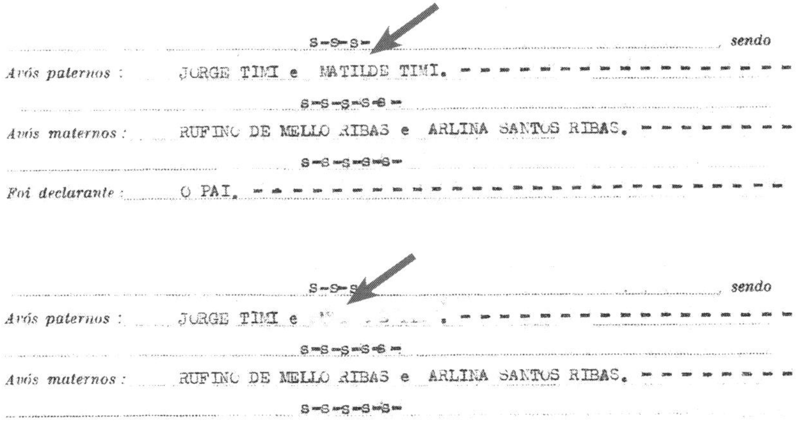
S-S-S- sendo
Avós paternos : JORGE TIMI e MATILDE TIMI. - - - - - - - - - - - - - - - -
S-S-S-S-S-
Avós maternos : RUFINO DE MELLO RIBAS e ARLINA SANTOS RIBAS. - - - - - - - -
S-S-S-S-S-
Foi declarante : O PAI. -

S-S-S sendo
Avós paternos : JORGE TIMI e . - - - - - - - - - - - - - - - -
S-S-S-S-S-
Avós maternos : RUFINO DE MELLO RIBAS e ARLINA SANTOS RIBAS. - - - - - - - -
S-S-S-S-S-
Foi declarante : O PAI. -

No que diz respeito à diferença de brilho do encolamento, a maioria dos papéis comercializados recebe um tratamento que visa tornar sua superfície lisa e adequada para o recebimento da escrita. Essa operação de alisamento leva o nome de *encolamento*, que é feito com materiais distintos daqueles usados na chamada *massa* do papel, e

> os atritos sobre o encolamento provocam diferenças de brilho, quer em confronto com trechos não atritados, quer em relação à própria massa do papel. Assim, as rasuras são suscetíveis de provocar essas diferenças de brilho, o que sucede, também, algumas vezes, mesmo em papéis sem encolamento. (Del Picchia Filho, 2016, p. 729)

A diferença de brilho pode ser constatada, normalmente, com o auxílio de luz incidente em um ângulo de 45º. O resultado da incidência de luz é a evidência das diferenças de brilho. No trecho rasurado, pode ser verificado menos ou mais brilho, especialmente nos casos em que houve tentativa de reparação do encolamento com materiais cerosos. No entanto, há de se ter cuidado com outros fatores que provocam diferenças de brilho no papel, por exemplo, manchas de gordura ou resina.

Já quanto aos remanescentes de escrita, é possível perceber, em documentos rasurados, somente por exame ocular, a presença de traços fragmentados, o sulco da pressão exercida pelo instrumento escritor, mesmo quando o pigmento foi retirado por raspagem, ou as letras e os grupos de letras que apontam para a falsificação.

Outros vestígios da rasura podem ser averiguados com o uso de aparelhos óticos, como lupas e microscópios. Nesse caso, o que se busca é, mais uma vez, a transparência do papel, mas, além disso, é possível constatar a existência de texto subjacente e o levantamento de fibras. No que diz respeito ao texto subjacente, o uso de aparelhos óticos pode mostrar "particularmente a existência de pigmento embrenhado na massa do papel" (Del Picchia Filho, 2016, p. 730) ou até traços remanescentes muito delicados para a visualização direta.

Quanto às transparências do papel, os instrumentos óticos podem ser combinados com outras técnicas, como o uso de negatoscópios ou de diascópios, que são vidros despolidos que permitem o uso de focos luminosos de grande intensidade por baixo, visando, justamente, apurar a diferença da passagem de luz. Além disso, podem ser utilizados líquidos voláteis, como éter e lugol, que facilitam a observação da transparência do papel sob instrumento ótico e não provocam manchas.

Ao se utilizar produtos químicos, luzes e outros instrumentos, é preciso observar a correta cadeia de custódia da prova, isto é, o documento analisado é uma prova em um processo, é o documento questionado que poderá passar por outras análises. Tal documento deve ser protegido e manter suas características originais e suas informações na íntegra. Por isso, todo o cuidado em seu manuseio é de extrema importância.

Esses instrumentos são particularmente efetivos na constatação da existência de fibras levantadas que advêm do processo de rasura ou raspagem do papel. Conforme esclarece Del Picchia Filho (2016, p. 731), no entanto,

> para dar significado aos levantamentos de fibras, deverá ser observado, preliminarmente, qual o estado normal da superfície do papel em exame. Alguns, pela própria natureza, possuem fibras desprendidas da massa. Assim, os trechos não questionados do suporte também deverão ser antes examinados.

Outra opção para a constatação da rasura são os chamados *reativos de Ehrlich*, que revelam quaisquer atritos sobre o papel, sendo possível, inclusive, ler mensagens escritas com instrumento pontiagudo, sem o uso de pigmento. O atrito de instrumentos sobre o papel não indica necessariamente a existência de rasura, razão pela qual, muitas vezes, o uso desses reagentes pode ter resultados pouco conclusivos ou inócuos para o diagnóstico de fraude. Na Figura 2.7, a seguir, é possível conferir uma assinatura que não foi feita na própria folha, mas em outra sobreposta a esta.

Figura 2.7 – Folha com marca de assinatura

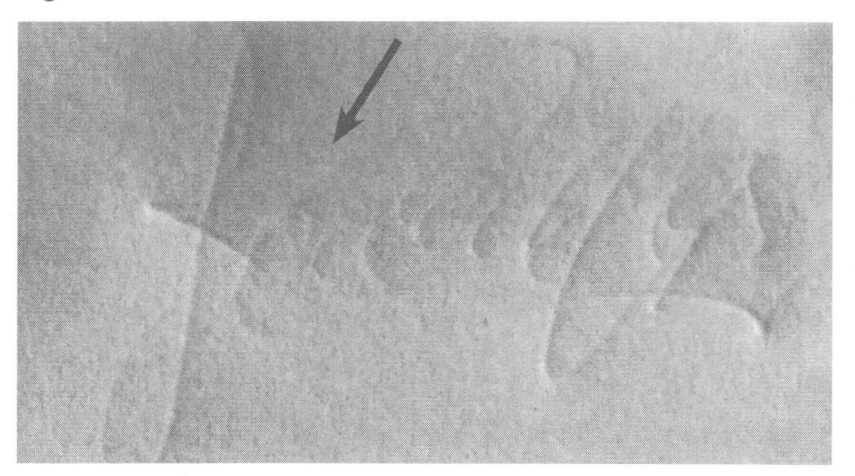

Constatando-se a rasura, ao perito cabe distinguir se ela é fraudulenta de fato ou uma correção no documento, produzida pelo próprio autor, sem o intuito de alterar ou suprimir conteúdo. Para tanto, o mais adequado, embora nem sempre possível, é a reconstituição do texto raspado, identificando, assim, seu conteúdo.

Outra forma de alteração física de documentos é o emprego de **agentes químicos**. Normalmente, o objetivo é a supressão ou o apagamento de escrita. Esse método é relativamente contemporâneo, pois, antigamente, a maioria das tintas utilizadas era de carbono, as quais não apagam, exceto por meios físicos de raspagem.

Hoje, existem dois tipos de corretores químicos comercializados no Brasil. O primeiro tem ação oxidante e é particularmente encontrado em canetas esferográficas que usam tintas à base de ferro (Mendes, 2015). Normalmente, esses corretores são feitos à base de cloro ou água clorada. Os corretores denominados *redutores* são constituídos por bissulfitos, que reagem e removem diversos tipos de pigmento. O cloro e a acetona são usados frequentemente em banhos químicos que visam à adulteração de documentos.

O emprego desses agentes químicos pode ser feito de maneira parcial, aplicando o produto somente em partes selecionadas dos documentos, ou total, imergindo o documento por completo na solução. Esse processo total também é conhecido como *banho químico* (Del Picchia Filho, 2016). A utilização de maneira parcial é mais comum, visto que a adulteração pretende suprimir ou alterar parte do conteúdo do documento (as partes que receberão o reagente), mas não é objetivo do falsário remover ou adulterar a assinatura, por exemplo. Os banhos químicos são comuns somente nos casos em que a ação fraudulenta visa aproveitar um papel específico, seja por sua peculiaridade, seja por sua data.

A verificação das alterações químicas pode ser feita de diversas formas e mais de uma vez. O simples exame ocular do documento pode revelar vestígios do uso de corretores químicos, como é o caso da escrita remanescente, das borraduras nos traços, das manchas e dos sulcos de escrita apagada. As borraduras normalmente ocorrem quando um texto é acrescido ao papel sem que o corretor tenha terminado de secar, gerando o mesmo efeito da escrita sobre papel molhado.

Já as manchas normalmente se apresentam com aspecto amarelado, fruto da oxidação do campo em que o reagente foi utilizado. Esse defeito na falsificação é ocasionado, muitas vezes, pela passagem do tempo, não estando presente no momento em que a adulteração foi praticada (Del Picchia Filho, 2016).

Além do simples exame ocular, um processo muito eficaz para a constatação da lavagem química é a utilização de raios ultravioleta. Conforme Del Picchia Filho (2016, p. 742-743), os raios ultravioleta acusam, em regra, em fluorescência diversa, as manchas da aplicação dos corretores. Isso se faz sem se tocar no documento e o resultado poderá ser definitivamente fotografado. Outras vezes, dentro do campo manchado, aparecem traços subjacentes, quer parciais, quer na totalidade, permitindo a leitura do texto apagado.

Hoje, alguns documentos são elaborados com tecnologia contra fraudes perpetradas com o uso de corretores químicos. Os cheques, em geral, apresentam dispositivo de segurança que faz surgir as palavras *nulo* ou *anulado* caso tenha havido contato com algum corretor químico. São os chamados *papéis de segurança*.

Figura 2.8 – Imagem de cheque com dispositivo de segurança evidente

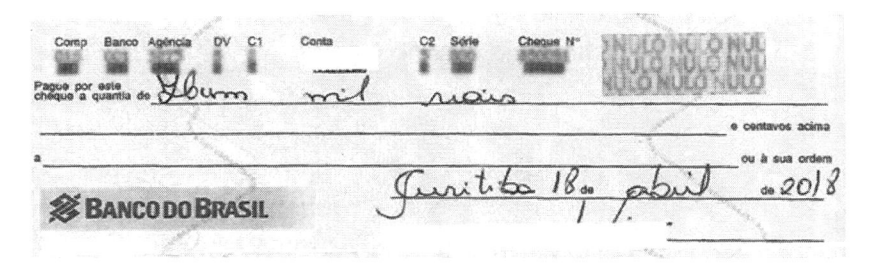

As alterações por meio de **acréscimo** são, normalmente, feitas com a utilização do simples aditamento de letras, algarismos, palavras ou traços. Ao perito, cabe diferenciar se os acréscimos são retoques ou emendas. Nos retoques, os acréscimos não modificam o teor do documento, sendo constituídos de pequenos traços que não são considerados adulteração. No caso das emendas, o teor do documento é alterado "dando outro sentido ao que foi anteriormente grafado" (Del Picchia Filho, 2016, p. 747). Na Figura 2.9, a seguir, apresentamos um cheque que originalmente foi preenchido com o valor de R$ 1.000,00 (mil reais), sendo posteriormente adulterado para R$ 1.000.000,00 (um milhão de reais).

Figura 2.9 – Imagem de cheque com valor adulterado

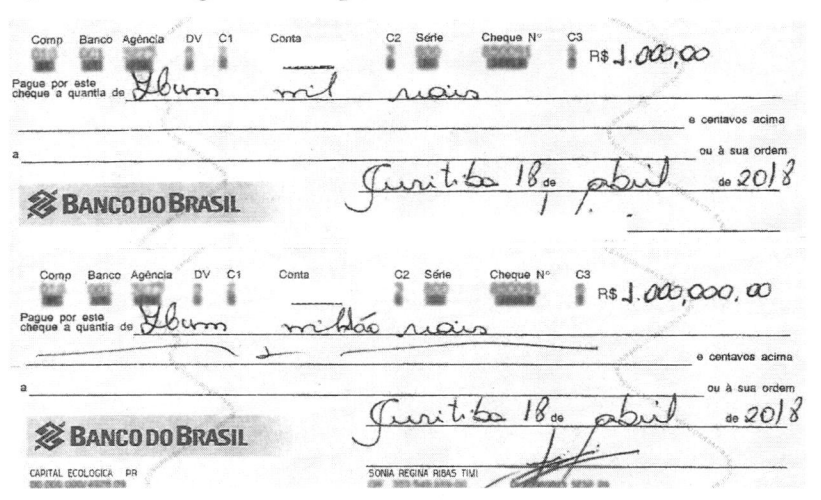

Nos documentos elaborados com o uso de tinta, o acréscimo fraudulento pode ser constatado pelo emprego de tintas diferentes, pela diferença de idade da tinta, pelo uso de diversos instrumentos escritores, pela gênese gráfica distinta ou punho escritor diverso, pelas diferenças de grafismo, pela prioridade de lançamentos – seja pelo cruzamento de traços, seja pela passagem de traços sobre dobras, seja por outras condições físicas do papel – ou, ainda, pela aglutinação, pela redução da calibragem e pelos reflexos de evitamento (Mendes, 2015).

São várias as técnicas para a demonstração do uso de tintas diferentes, no entanto, a maioria é de difícil uso, provoca a destruição da amostra e não fornece resultados adequados. Especialmente no caso do uso de tintas que não contêm ferro ou não reagem quimicamente, como as carbonadas ou anílicas, o uso de técnicas de toque químico exige uma série de cuidados, como fotografar o documento previamente e indicar os pontos em que o toque será usado. Isso porque a técnica deixará marcas no documento (Del Picchia Filho, 2016). Contemporaneamente, a colorimetria computadorizada é a forma mais eficiente de solução do caso (Mendes, 2015).

Na mesma linha de adversidade está a datação dos lançamentos à tinta. Embora possa resolver problemas de adição de conteúdo ao documento, a dificuldade de execução restringe o uso e a eficácia do método. Algumas tintas são mais sensíveis com o passar do tempo, e outras parecem conservar suas características de maneira indefinida. Assim, se uma tinta é particularmente sensível à ação do tempo, a constatação do acréscimo é facilitada, mas, se não for o caso, o uso da técnica é inócuo.

O uso de instrumentos escritores diferentes também pode servir para a apuração de acréscimos, especialmente se o tipo de pena variar. Caso a escrita original tenha sido feita com pena comum, e os acréscimos, com pena de caneta-tinteiro ou pena estilográfica, a constatação pode ser feita facilmente. Penas esferográficas e penas de tinta líquida também produzem escritas diversas e de fácil verificação.

No caso de punhos escritores diferentes, a averiguação somente poderá ser feita quando houver campo gráfico suficiente, permitindo a comparação das escritas após a devida identificação dos gestos gráficos distintos. Nesse caso, a concentração do estudo está no gesto gráfico e no grafismo, ou na gênese gráfica da escrita.

A prioridade de lançamentos ou o cruzamento de traços exigem que o perito conheça a sequência natural ou a ordem de lançamento do documento. Conforme leciona Del Picchia Filho (2016, p. 758),

> os acréscimos contrariam, na quase totalidade dos casos, a sequência normal, enxertando escritas em documentos já elaborados, os novos traços poderão cruzar com os do contexto primitivo e, assim, muitas vezes, demonstrando que um traço está por cima do outro, quando deveria estar por baixo, o acréscimo se tornará evidente.

O cruzamento de traços talvez seja um dos temas mais debatidos em documentoscopia. Existem autores que afirmam ser impossível determinar com sucesso a precedência dos lançamentos, ao passo que outros consagram a técnica como confiável e conclusiva. A opinião mais balizada e majoritária, no entanto, defende que o estudo do cruzamento de lançamentos depende das condições de cada caso concreto e do tipo dos traços envolvidos – se entre tintas semelhantes, se entre tintas e traços a lápis, tintas de escrever com traços datilografados, digitados, carimbados etc.

Hoje, com a moderna tecnologia à disposição da criminalística, o uso de microscópios eletrônicos de varredura tem revolucionado o estudo do cruzamento de traços, uma vez que sua precisão em mostrar a superposição de tintas e, consequentemente, a ordem de precedência dos lançamentos é praticamente absoluta.

Outra forma de constatar a existência de acréscimos, conforme dito anteriormente, é o estudo de eventuais defeitos do grafismo, como a aglutinação, a redução da calibragem e os reflexos de evitamento. A aglutinação ocorre quando letras são comprimidas reduzindo a largura e os traços de ligação, sem, no entanto, reduzir a altura. Isso acontece porque o texto adicionado era demasiado extenso para o campo de escrita em que deveria ser incluído. Já a redução de calibragem é a redução das letras tanto na largura quanto na altura, ocorrendo por diversos fatores, como a extensão do campo ou a necessidade de interpolações. Por fim, o reflexo de evitamento ocorre quando a escrita é modificada tomando contornos ascendentes ou descendentes, visando evitar que o acréscimo recaia sobre o texto original, sobre trecho datilografado ou sobre impresso no papel, o que poderia gerar um problema de cruzamento de lançamento.

Outra forma de alteração física de documentos é a promovida por meio de **recortes**, utilizando retalhos de papel colados de maneira justaposta ao documento original. Essa forma de adulteração é mais comum em selos, cédulas de dinheiro e cheques. Mas, para o perito, não oferecem dificuldade de constatação, já que os recortes são imediatamente percebidos com ou sem o auxílio de instrumentos ópticos, como lupa ou microscópio, dependendo do tamanho e da qualidade da colagem.

A modalidade mais complexa de recorte é a chamada *delaminação*, utilizada principalmente na falsificação de cheques. Nesses casos, o falsário retira a lâmina superior do papel e, valendo-se de outro cheque do mesmo banco, aplica a lâmina superior no cheque legítimo que pretende adulterar. Mesmo assim, para o perito, com o auxílio de instrumentos ópticos, a constatação não será problema.

Vistas as modalidades de adulteração física dos documentos, é preciso abordar o problema da idade dos documentos e sua alteração cronológica.

2.1.2 Alterações cronológicas e sua verificação

O problema da idade dos documentos é assunto que gera intenso debate doutrinário. Responder em que época determinado documento foi feito, ou se sua confecção corresponde à data nele consignada, é uma tarefa praticamente impossível. Tanto a idade absoluta do documento quanto a idade absoluta da tinta são de difícil determinação, sujeitas a uma série de variáveis. Normalmente, a persecução dessas questões resta infrutífera.

Contudo, nos dizeres de Del Picchia Filho (2016, p. 788), "raramente essa matéria é importante. Para a solução judiciária, bastaria demonstrar que a escrita ou o documento não poderia ter sido produzida na data nele declarada". Essa conclusão não exige a datação da idade absoluta do documento.

Se o problema é responder se determinado documento foi confeccionado na data que consta de seu corpo, basta, por exemplo, determinar a idade aproximada da tinta, que, se for posterior à data que consta no documento, demonstra de maneira cabal que ele não poderia ter sido confeccionado na data que lhe é atribuída. O mesmo vale para os produtos utilizados na confecção da massa do papel e na encolagem.

É evidente, no entanto, que essa datação de produtos e matérias-primas utilizadas na confecção de tintas de escrever e do papel apresenta seus problemas próprios, muitas vezes só podendo ser feita com a identificação do fabricante do papel e do instrumento escritor utilizado, o que, ainda assim, apresenta-se como mais possível do que a datação absoluta de documentos e lançamentos.

Se o caso é de inquirição sobre o lançamento de assinatura em momento posterior ou anterior à confecção do documento, principalmente no caso de assinatura de documentos em branco, a solução normalmente passa pela presença ou não de cruzamentos – que pode ser de lançamentos com outras tintas ou de dobras, relevos, depressões, rasgos ou perfurações do papel. O caso das dobras do papel é demasiado relevante, por isso o ilustramos na Figura 2.10, a seguir.

Figura 2.10 – Assinaturas com cruzamentos de linhas e assinaturas sem cruzamento de linhas

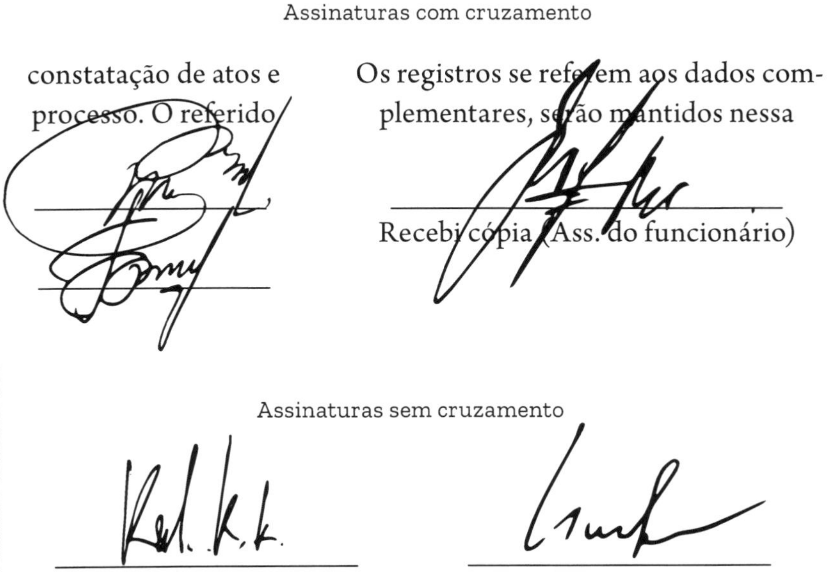

Veronika M/Shutterstock

Quanto ao problema das assinaturas lançadas em papel em branco, mais uma vez lançamos mão do conhecimento de Del Picchia Filho (2016, p. 811):

> trata-se, talvez, das perícias mais difíceis, e que mais exigem da acuidade e faculdade de raciocínio do perito [...]. As provas e indícios mais comuns são obtidas: pela análise dos cruzamentos; por gabaritagens, pelas distribuições dos contextos e das assinaturas, por evitamentos ou reflexos de evitamento, pela demonstração de ante ou pós-datação, por cruzamentos das escritas com furos, manchas, dobras, borrões etc., por propagações de sulcos de outros documentos, por cortes manuais dos suportes, pela ausência de cópias a carbono, quando sua tiragem consta do texto, pela datilografação do texto sobre estampilhas, por ausência de propagações de carbono etc.

Embora rasuras, banhos e lavagens químicas, acréscimos e recortes, além das alterações cronológicas, como a assinatura anterior ao conteúdo do texto, sejam adulterações possíveis em documentos escritos manualmente, datilografados e computadorizados, os datilografados e computadorizados exigem alguns comentários específicos por sua natureza e utilização contemporânea. Vejamos, no tópico a seguir, como isso ocorre nesses documentos.

2.1.3 Textos datilografados e textos computadorizados

Por volta de 1714, na Inglaterra, Henry Mills registrou oficialmente a primeira máquina de escrever – uma máquina que se destinava a produzir textos datilografados. No entanto, esse modelo nunca chegou a ser fabricado. A primeira máquina do tipo a efetivamente atingir o mercado foi da marca Remington, já em 1873, seguida pela concorrente Underwood, em 1897, e pela famosa Olivetti no século XX, em 1911 (Mendes, 2015).

O advento da máquina de escrever e da **datilografia** impactou sensivelmente a produção de documentos, visto que passaram a ser confeccionados largamente por esse meio, o que, consequentemente, acabou gerando uma série de novos problemas e de novas demandas para a perícia documentoscópica.

Entre os problemas surgidos, é possível citar questões como: se dois documentos foram datilografados na mesma máquina de escrever; se um documento teria sido datilografado em determinada máquina de escrever exibida ao perito; se um texto foi elaborado pelo mesmo datilógrafo que fez outra peça; se houve acréscimo no contexto datilografado; se o texto foi datilografado na data atribuída ao documento ou, em caso negativo, quando o documento foi datilografado; se houve tiragem de cópia a carbono do texto datilografado; qual era a marca da máquina em que o documento foi datilografado; se a impressão datilografada era anterior ou posterior a um traço com o qual ela se cruza; e se um texto teria sido datilografado antes ou depois de uma assinatura (Del Picchia Filho, 2016).

Para responder à maioria das questões levantadas, os exames mais comuns visam identificar a máquina de escrever, o datilógrafo e a existência ou não de acréscimos.

Quanto à **identificação da máquina**, é possível verificar genericamente sua marca e seu modelo com base nas variações de cada fabricante no que tange aos espaços interlineares, ao acréscimo ou à supressão de diferentes teclas e outras particularidades.

Contudo, essa identificação de máquina também pode ser individual, ou seja, o perito pode determinar que máquina de escrever produziu determinado documento de maneira singular, não quanto à marca ou ao modelo, porém individualmente, indicando que aparelho foi utilizado na datilografia de determinado texto. Nesse sentido, Del Picchia Filho (2016, p. 448) afirma que "por maior que seja o esforço de estandartização, cada máquina fabricada apresentará, no final, alguns traços característicos específicos, que somente serão encontrados em trabalhos executados naquela mesma máquina".

Não obstante esse fato, ainda é possível afirmar que o uso da máquina também vai produzindo imperfeições que podem ser detectadas pelo perito, contribuindo para a individualização de cada aparelho. Essas imperfeições podem derivar do "uso constante da máquina de escrever com o correr do tempo, ou mesmo por imperícia do datilografo, introduzindo no teclado defeitos, sejam eles resultantes do desajuste das hastes, sejam determinados pelo amolgamento e até pela fratura dos tipos" (Mendes, 2015, p. 160).

Assim, uma máquina que tenha suas hastes desajustadas pelo uso constante produzirá caracteres mais para a direita ou para a esquerda, ou mesmo mais para cima ou para baixo que o normal, ou, ainda, mais de um desses defeitos de maneira conjunta, como caracteres deslocados para a esquerda e para baixo ou para a direita e para cima. Dessa forma, identificados o modelo e o fabricante de determinada máquina, a comparação entre sua mecanografia-padrão e a mecanografia alterada pelo uso permite determinar singularmente que uma máquina apresentada ao perito produziu um documento questionado ou não. Na Figura 2.11, a seguir, podemos observar que a primeira letra *A* tem uma tonalidade diferente das outras, um pouco mais escura e espessa.

Figura 2.11 – Letra com tonalidade diversa das que a acompanham

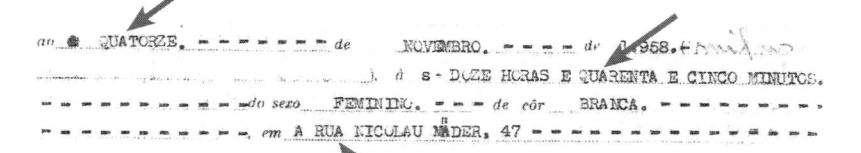

O mesmo acontece em razão das fraturas nos tipos, que podem ser identificadas repetidamente no texto produzido toda vez que o tipo for utilizado. Esses padrões criados pela fratura, que normalmente apresentam-se com a supressão de uma parte do tipo, justamente a parte fraturada, facilitam a comparação da mecanografia e a determinação da coincidência ou não da elaboração de dois ou mais documentos na mesma máquina, ou até do acréscimo de conteúdo em determinado documento com máquina de escrever diversa daquela que originalmente produziu o documento datilografado. Na Figura 2.12, a seguir, observamos que o traço da letra T do lado esquerdo da haste é menor do que em todas as letras T datilografadas com a mesma máquina.

Figura 2.12 – Exemplo de fratura de tipo em uma máquina

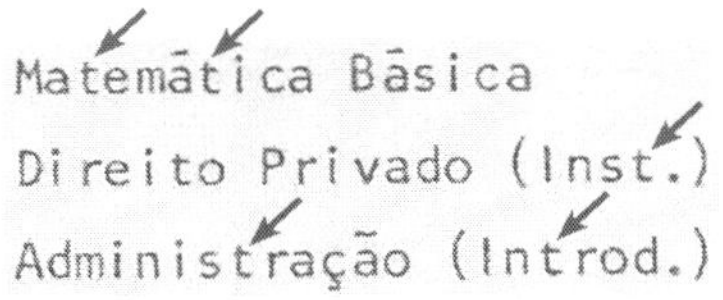

```
Matemática Básica
Direito Privado (Inst.)
Administração (Introd.)
```

Como dissemos, os defeitos mais comuns que podem ser identificados pelo perito quando da análise são: amolgaduras, que consistem no rebaixamento do tipo ou da haste; entortamento das barras ou hastes, que resulta na inclinação dos tipos; distensão de molas, que acarretam impressões mais altas ou mais baixas dos tipos; letras fora de pé, que acarretam maior força da batida na parte superior ou inferior ou batidas mais carregadas à direita ou à esquerda; e fratura dos tipos. Na Figura 2.13, a seguir, a letra P não está à mesma distância que as outras letras; que a letra I tem tonalidade mais escura; e que a letra B minúscula está levemente inclinada à direita.

Figura 2.13 – Exemplo de defeitos comuns encontrados na análise de documento

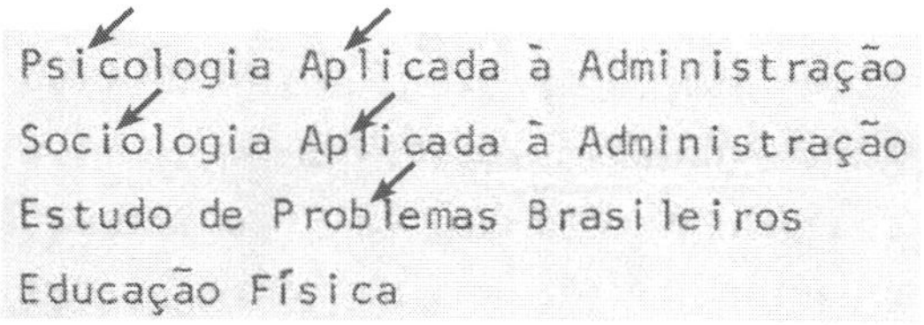

```
Psicologia Aplicada à Administração
Sociologia Aplicada à Administração
Estudo de Problemas Brasileiros
Educação Física
```

A **identificação do datilógrafo**, e se ele mesmo produziu diferentes documentos ou não, também é possível em alguns casos. Sobre o tema, porém, Mendes (2015, p. 161) alerta que essa tarefa é "mais difícil do que a da individualização da máquina de escrever e, nem sempre, o técnico pode chegar a conclusões seguras".

Essa análise passa pela observação dos seguintes pontos: arranjo do texto no suporte, tamanho das margens, sistema de pontuação, uso do espaçador, estilo, erros ortográficos, pressão no acionamento das teclas e hábitos peculiares.

O arranjo do texto no suporte, ou a distribuição de matéria, só pode ser observado ou ter relevância para a análise se os textos cotejados para determinar unicidade ou pluralidade de datilógrafos foram, primeiro, datilografados sem uma norma preestabelecida para sua confecção e, segundo, produzidos na mesma máquina. Observadas tais questões, o perito pode notar a colocação da data e sua posição, o tamanho das margens, o espaço deixado entre a data e o início do texto e a abertura dos parágrafos, por exemplo.

Quanto à pressão no acionamento de cada tecla, é fundamental que o perito observe a contemporaneidade dos textos e o estado da fita, caso haja variação nas datas. O desgaste da fita pode provocar variação na impressão dos tipos, ainda que as teclas sejam acionadas com pressão semelhante, ou provocar impressão mais fraca, mesmo com o exercício de pressão superior no acionamento das teclas com fita em excelente estado.

Esse é um importante alerta para a análise geral de documentos produzidos mecanograficamente. A impressão dos tipos em uma máquina de escrever pode sofrer com variações pela simples interposição de sujeira entre a fita e o papel ou entre a fita e o datilotipo, levando o perito a concluir por fraturas inexistentes ou alterações de pressão no acionamento das teclas. Por essa razão, é preciso observar se os defeitos se repetem em todo o corpo do texto. No caso de identificação do datilógrafo, a quantidade de texto a ser analisado, tanto como paradigma quanto como material questionado, é fundamental para a constatação de defeitos acidentais ou habituais.

Assim, quando da análise da pressão exercida no acionamento das teclas, o que se busca são hábitos no acionamento dos datilotipos, como o exercício constante de pressão no acionamento de cada tipo específico e a variação dessa pressão entre os vários tipos acionados. Um mesmo datilógrafo exercerá diferentes pressões em diferentes tipos e a mesma pressão em tipos idênticos. Esses hábitos, ou características, serão singulares, facilitando, assim, o confronto entre documentos produzidos por diferentes datilógrafos.

Quanto ao conteúdo do texto, Mendes (2015) destaca que é necessário verificar se se trata de linguagem culta ou popular, se foram usados convenientemente os sinais de pontuação e se existem erros de ortografia ou de concordância constantes. Ainda sobre a questão do conteúdo do texto datilografado, Del Picchia Filho (2016, p. 466) alerta que a "ortografia, atualmente, dado a grande confusão existente no Brasil, fornece preciosas indicações, podendo-se dizer possuir cada escritor sua ortografia particular", ou seja, o uso constante de palavras com a grafia incorreta, seja por razão do acordo ortográfico em vigor, seja por hábito do datilógrafo, pode indicar a autoria de determinado documento em confronto com outro.

Por último, quanto ao conteúdo, cada datilógrafo pode apresentar diferentes hábitos de marcação na confecção de seu texto, incluindo sinais desnecessários, mas que são de grande valor para o perito.

Alguns exemplos de marcações são hifens, barras no final de linhas e pequenos pontos no início de um parágrafo. A presença ou a ausência desses sinais pode ser determinante para a conclusão da unicidade ou da pluralidade de datilógrafos na confecção de documentos sob análise.

Outro problema trazido aos peritos documentoscópicos é o **acréscimo** em textos datilografados. Além dos métodos de alteração de documento já mencionados, como a rasura e o próprio acréscimo em textos manuscritos, o acréscimo em textos datilografados apresenta particularidades que podem ser identificadas por técnicos com a análise de alguns pontos cruciais.

Desses pontos de análise, a diversidade de máquinas é de fácil constatação e somente exige do perito a verificação, em um mesmo documento, da presença de tipos, desenho ou tamanho diversos, além, é claro, da presença de todos os pontos de individuação de máquinas de escrever indicados anteriormente. Um documento que apresente em seu corpo um tipo com defeito por fratura de forma consistente e repetida, mas, em determinado parágrafo, não apresenta esse defeito por fratura, também de forma consistente e repetida, permitirá ao perito atestar que mais de uma máquina foi utilizada durante sua confecção.

Outro forte indicativo de acréscimo é a aglutinação, resultado de um espaço menor do que necessário para a introdução do texto a ser acrescido. Essa aglutinação é constatada pela diminuição de espaços interlineares e intervocabulares, normalmente pelo uso da tecla *retrocesso* no equipamento.

A redução do espaço mecânico entre os vocábulos e as linhas pode ser hábito do datilógrafo, e, se esse for o caso, a supressão de espaços ocorrerá de maneira constante, consistente em todo o texto, não somente em uma frase ou em um parágrafo.

Mais uma forma de identificar o acréscimo de texto em um documento datilografado é apurar as rebatidas, que, conforme ensina Mendes (2015, p. 163), ocorrem

> quando o falsário quer fazer o acréscimo depois de uma vírgula, rebatendo o datilotipo, para alinhar a máquina. Ocorre, então, que um pequeno desajuste do papel no carro faz com que o datilotipo caia ligeiramente fora do espaço mecânico ocupado pela vírgula primitiva e, com isso, esse sinal de pontuação mostra dupla impressão. Em outras ocasiões, o falsário procurar modificar um ponto final em vírgula, para dar continuidade ao texto com o acréscimo. Não sendo possível ajustar o papel na máquina precisamente como fora para a feitura do texto primitivo, o rebatimento faz com que a vírgula apareça com dupla cabeça.

As rebatidas também podem ser identificadas na tentativa de alteração de números ou de letras semelhantes quando o falsário tenta, pela sobreposição de caracteres, promover alterações no teor do documento.

Os desalinhamentos igualmente são formas ordinárias de demonstrar a existência de acréscimos em documentos datilografados. O alinhamento vertical se verifica na formação de colunas no papel pelos caracteres inseridos. Já o alinhamento horizontal se constata no alinhamento dos caracteres em uma linha de base ideal, como uma espécie de pauta. Assim, os acréscimos podem ser identificados pelo desalinhamento vertical e horizontal do texto, fruto da impossibilidade de assentamento idêntico do papel, uma vez que ele foi retirado do carro da máquina de escrever.

Para a verificação desses desalinhamentos, usam-se gabaritos, que, conforme leciona Del Picchia Filho (2016, p. 483), "não passam de linhas ou desenhos registrados em vidros ou películas transparentes. Aplicados sobre os documentos, permitindo a apreciação, isolada ou comparativa, de curvas, ângulos, tamanhos e distâncias dos traços".

As questões referentes aos **textos computadorizados** são menos numerosas para a perícia, visto que são mais recentes e de maior dificuldade de constatação. É evidente que os computadores não permitem análises como pressão para acionamento de teclas, não apresentam problemas como o entortamento de hastes ou a fratura de tipos e, da mesma forma, a moderna tecnologia dificulta a identificação de hábitos relacionados à ortografia ou à disposição dos textos; afinal, em grande parte, o trabalho de disposição textual e de correção ortográfica é feito por *softwares* de produção de texto.

Assim, significativa parcela do que pode ser periciado, no que tange a documentos prontos, impressos e apresentados ao perito, refere-se ao uso de diferentes periféricos, como impressoras, e à presença de unicidade ou pluralidade desses periféricos, por exemplo.

Algumas questões nos documentos produzidos por computador podem, contudo, ser identificadas, permitindo ao técnico alguns resultados, dependendo dos tipos de análise e de resposta que se buscam em cada perícia. É possível, por exemplo, determinar o tipo da fonte utilizada, o tamanho, se é impressão em rascunho ou ótima, bem como o tipo de impressão usado para a confecção do documento.

Os processos de impressão mais comuns são os matriciais, a jato de tinta e a *laser*. Cada um deles apresenta características distintas e pode contribuir para a identificação da impressora. Quanto às impressoras matriciais, temos as de impacto e as de não impacto. As matriciais de impacto mais comuns são por agulhas, cuja impressão ocorre pelo impacto vertical de pinos que lembram agulhas contra uma fita que se desenrola sobre o papel. Essas impressoras têm entre 9 e 24 agulhas; assim, uma das formas de determinar genericamente que impressora produziu um documento é identificando o número de agulhas.

Além disso, a identificação singular de uma impressora pode ser feita observando-se defeitos como o entortamento de agulhas, o que é mais fácil de ser constatado em impressoras de 9 agulhas, onde os defeitos aparecem de forma mais evidente, e, consequentemente, mais difícil de ser detectado nas matriciais por impacto de 24 agulhas, onde eventuais entortamentos são praticamente imperceptíveis, demandando o uso atencioso de equipamentos ópticos. Isso porque as impressoras de 9 agulhas geram uma impressão menos compactada ou menos densa em relação às impressoras matriciais por impacto de 24 agulhas, as quais têm uma proporção de pontilhado que tornam a identificação de cada agulha praticamente impossível, especialmente longe das bordas.

As matriciais de não impacto, também conhecidas hoje, majoritariamente, como *a jato de tinta*, podem ser divididas em dois modos de impressão diferentes: aquelas em que as cabeças de impressão situam-se no próprio cartucho de tinta e aquelas em que o cartucho de tinta somente armazena a tinta propriamente dita, mas a cabeça de impressão está na própria impressora. Para a análise documentoscópica que visa identificar o equipamento responsável pela impressão de determinado documento, as impressoras em que a cabeça da impressão esteja no cartucho de tinta exigem que o perito tenha acesso ao mesmo cartucho que realizou a impressão, ao passo que as outras, que contam com a cabeça de impressão fixa, não sujeitam a análise à presença ou não do cartucho de tinta utilizado.

Igualmente ocorre na identificação de defeitos para a singularização de determinado equipamento. Se a cabeça de impressão estiver no cartucho e apresentar defeitos que a singularizam, a substituição do cartucho resolve o problema e impossibilita a identificação. Por outro lado, se a cabeça de impressão que apresenta defeitos singularizantes é fixa na impressora, sua identificação é facilitada.

Além das impressoras matriciais por impacto e das impressoras a jato de tinta, ou matriciais de não impacto, existem as impressoras a *laser*, nas quais a impressão ocorre pela fusão de um pó (*toner*) ao papel com a ajuda de raios *laser*. Nesse caso, a maioria das impressoras opera como copiadoras e imprime por página, diferentemente das matriciais, que imprimem por linha. Os eventuais defeitos que podem aparecer no cilindro de impressão, gerando marcas nas bordas do documento, facilitam a identificação do equipamento, mas a troca dos cilindros resolve o problema apresentado e impossibilita a identificação.

Além da identificação do tipo de impressão e da impressora, eventuais fraudes na confecção de documentos com o uso do computador também podem ser identificadas, a exemplo do que ocorre com as máquinas de escrever no que se refere aos problemas de alinhamento. Aqui, a observação de desalinhamentos verticais é praticamente inviável nas impressoras mais contemporâneas, pois o balanceamento de caracteres não ocorre dessa forma. No entanto, os espaçamentos entre eles podem ser condensados ou expandidos com base na preferência do digitador, que deve, voluntariamente, alterar as configurações-padrão.

Assim, no caso do condensamento de espaço entre caracteres, fica evidente que o digitador optou por fazê-lo, o que pode ser indicativo de fraude, visando inserir texto em espaço menor do que o necessário sem a ajuda do recurso. Isso também ocorre com a expansão do espaçamento-padrão entre caracteres, que pode ter como objetivo a inserção de texto visando ocupar espaço maior do que o necessário. O mesmo pode ser afirmado no que tange à supressão de espaços entre vocábulos e ao uso de mais de um espaçamento-padrão. Na Figura 2.14, a seguir, apresentamos o modelo de um contrato impresso em impressora a jato de tinta no qual houve alteração de texto. No número 6 da figura na segunda linha, está escrito "na proposta de honorários". No texto alterado, há o valor de R$ 3.000,00 (três mil reais). Para a alteração, foi apagado o primeiro texto e incluído o segundo texto com a mesma letra, com uma redução de tamanho em 4% e com um espaçamento condensado com 0,3 pt.

Figura 2.14 – Modelo de contrato com alteração de texto

TEXTO ORIGINAL
PRAZO E RESCISÃO DO CONTRATO
6. O CONTRATANTE pagará ao PERITO ASSISTENTE o valor determinado na proposta de honorários, pelo cumprimento do objeto deste contrato.
7. O CONTRATANTE obriga-se a efetuar o pagamento do valor ajustado em duas parcelas, a primeira na assinatura deste e a segunda na data de entrega do laudo/parecer.

TEXTO ALTERADO
PRAZO E RESCISÃO DO CONTRATO
6. O CONTRATANTE pagará ao PERITO ASSISTENTE o valor determinado de R$ 3.000,00 (três mil reais), pelo cumprimento do objeto deste contrato.
7. O CONTRATANTE obriga-se a efetuar o pagamento do valor ajustado em duas parcelas, a primeira na assinatura deste e a segunda na data de entrega do laudo/parecer.

COMPARAÇÃO
6. O CONTRATANTE pagará ao PERITO ASSISTENTE o valor determinado na proposta de honorários, pelo cumprimento do objeto deste contrato.
6. O CONTRATANTE pagará ao PERITO ASSISTENTE o valor determinado de R$ 3.000,00 (três mil reais) pelo cumprimento do objeto deste contrato.

Na fraude documental, é comum a inserção de texto em contratos feitos e assinados, como o exemplo ora analisado.

A evidência de espaçamentos horizontais no texto entre caracteres é forte indicativo da reintrodução do papel na impressora. No entanto, essa perda de paralelismo pode não ocorrer, mesmo quando o documento foi produzido em duas assentadas diversas.

No entanto, ainda que o paralelismo seja mantido entre caracteres, o desalinhamento horizontal entre linhas, ou seja, a diversidade de espaçamento entre as diversas linhas do texto – que também é uma espécie de desalinhamento horizontal –, pode ser mensurado e gerar resultados mais precisos na determinação de fraudes.

Vistos os principais métodos físicos de alteração de documento e os necessários comentários sobre textos datilografados e computadorizados, vamos iniciar a abordagem do correto manuseio dos documentos de exame e dos padrões de comparação.

2.2 Documentos questionados e padrões de confronto

Não raro, as fraudes documentais são descobertas nas discussões sobre outros assuntos. No direito de família, em uma discussão sobre o pagamento de pensão em atraso, por exemplo, uma das partes, então, apresenta recibos que a outra não reconhece. Um recibo não reconhecido, em geral por estar com a assinatura divergente dos demais, é chamado de *documento questionado*. Àquele que se reconhece, por outro lado, dá-se o nome de *documento-padrão*.

O valioso escólio de Del Picchia Filho (2016, p. 103) dá o tom sobre o documento e o trabalho do perito:

> para o perito, o documento é uma peça sagrada. Quanto possível, deverá retornar aos autos, ou devolvido às partes interessadas, nas mesmas condições físicas em que foi exibido. Evitar-se-á dobrá-lo, desnecessariamente, somente o fazendo em circunstâncias especiais, a serem declaradas no laudo. Não se justificam anotações ou marcas no documento a ser examinado, conselho esse extensível aos advogados, juízes, banqueiros e outros que manuseiam essas peças com antecipação.

Sobre o tema, Mendes (2015, p. 197) sugere que, para o perito, "a primeira cautela será a de fotografar a peça de exame, para fixar o seu estado físico de conservação no início dos exames", pois, uma vez que a peça de exame deixe de estar em posse do perito, seu manuseio pode resultar em desgaste, mutilação ou ação criminosa de eventuais interessados que ganhem acesso.

Justamente pela importância do documento – também chamado de *peça de exame, peça questionada* ou *peça-motivo* –, há grande controvérsia sobre a possibilidade do uso de **cópias do original** para a realização de perícia. Se, por um lado, a legislação parece entender possível considerar a cópia como reprodução fiel e digna de fé, parte da doutrina não tem o mesmo entendimento.

O tema é abordado na Lei de Registros Públicos (Lei n. 6.015/1973), a qual prevê, em seu art. 161*, que as certidões provenientes de registro público contendo cópia integral do título em questão têm o mesmo valor probante do original e que eventuais incidentes de falsidade podem ser levantados em juízo (Brasil, 1973). Nesse mesmo sentido, o art. 223** do Código Civil determina que a cópia do documento, devidamente conferida pelo tabelião de notas, vale como prova da declaração de vontade que ali consta, mas, a exemplo do que ocorre com a previsão anteriormente citada, se a cópia for contestada, o original deve ser apresentado (Brasil, 2002).

No âmbito da legislação penal, o valor que se dá à cópia é similar. O Código de Processo Penal traz expressa previsão do valor da

---

* "Art. 161. As certidões do registro integral de títulos terão o mesmo valor probante dos originais, ressalvado o incidente de falsidade destes, oportunamente levantado em juízo. § 1º O apresentante do título para registro integral poderá também deixá-lo arquivado em cartório ou a sua fotocópia, autenticada pelo oficial, circunstâncias que serão declaradas no registro e nas certidões. § 2º Quando houver acúmulo de trabalho, um dos suboficiais poderá ser autorizado pelo Juiz, a pedido do oficial e sob sua responsabilidade, a lavrar e subscrever certidão." (Brasil, 1973)

** "Art. 223. A cópia fotográfica de documento, conferida por tabelião de notas, valerá como prova de declaração da vontade, mas, impugnada sua autenticidade, deverá ser exibido o original. Parágrafo único. A prova não supre a ausência do título de crédito, ou do original, nos casos em que a lei ou as circunstâncias condicionarem o exercício do direito à sua exibição." (Brasil, 2002)

cópia no parágrafo único do art. 232*, o qual afirma que à fotografia do documento, devidamente autenticada, se dará o mesmo valor do original (Brasil, 1941). O tema volta a ser abordado no art. 237**, que exige a conferência das públicas-formas com o original por autoridade (Brasil, 1941).

Entretanto, embora a legislação pareça aceitar as cópias, feitas as ressalvas e as exigências que o legislador entendeu como pertinentes, técnicos da área da documentoscopia alegam que o trabalho de perícia resta sempre prejudicado, quando não inviabilizado, em razão da perda do original e apresentação da cópia.

Por um lado, é evidente que alguns dos métodos de adulteração física de documentos já abordados aqui são perdidos por completo quando da reprodução fotográfica ou xerográfica de documentos. Não é possível, por exemplo, perceber rasuras superficiais, ou mesmo algumas mais profundas, pois o levantamento de fibras não estará presente na cópia, somente no original. Igualmente ocorre quanto à diferença de brilho no encolamento e na transparência do papel.

Além disso, estudos de datação de tinta, seja de impressão, seja de tinta impregnada no papel por instrumento escritor, deixam de ser realizáveis. Algo que também pode ser afirmado no que tange à percepção de sulcos no papel, indicando a pressão exercida pelo instrumento escritor, até a remoção de tinta por meios físicos ou químicos.

Há, ainda, outro problema levantado pela doutrina. No caso do art. 237 do Código de Processo Penal, por exemplo, a conferência com o original não é feita por perito. Diante disso, aspectos técnicos podem passar despercebidos e, consequentemente, o falso que reproduzia a

---

* "Art. 232. Consideram-se documentos quaisquer escritos, instrumentos ou papéis, públicos ou particulares. Parágrafo único. À fotografia do documento, devidamente autenticada, se dará o mesmo valor do original." (Brasil, 1941)

** "Art. 237. As públicas-formas só terão valor quando conferidas com o original, em presença da autoridade." (Brasil, 1941)

verdade ganha *status* de original, o que pode ser ainda mais grave se o original for destruído.

Assim, grandes peritos de diferentes momentos históricos já afirmaram que a perícia em documento fotografado torna-se precária e, por essa razão, não deve embasar decisão sem que outros elementos reforcem suas conclusões.

Contudo, o próprio escólio de Mendes (2015, p. 201) é no sentido de afirmar que

> essa é a opinião dos mestres, sob o ponto de vista teórico. Na prática, todavia, não se pode afirmar que a perícia sobre assinatura em documento representado por uma reprografia de qualquer tipo seja inexequível, pois, se assim fosse, uma larga porta se abriria e, por ela, as falsificações fluiriam impunemente. Uma reprografia pode ser examinada, desde que o perito se cerque de certas cautelas.

Hoje, majoritariamente, a doutrina aceita o uso de documentos fotocopiados para alguns exames, sobretudo grafotécnicos.

Uma vez que o documento de exame esteja na posse do perito, seja uma cópia com valor de original nos termos da legislação brasileira, seja o documento original em si, a doutrina entende que alguns cuidados devem ser tomados visando à preservação da peça.

Nesse sentido, Mendes (2015) sugere que a peça seja manuseada com pinças adequadas, visando evitar que a transpiração ou a oleosidade das mãos provoquem manchas no papel. Como dissemos, é conveniente que o perito fotografe a peça, tornando viável demonstrar o estado físico original no que for possível e, dependendo do que se analisa, não permitindo que o original seja manuseado com tanta frequência. Ainda, aconselha-se que a peça de exame não seja dobrada ou, se já estiver dobrada, que não seja desdobrada e dobrada repetidas vezes, pois isso pode acarretar rompimento da peça ou rasgaduras parciais. O especialista deve evitar expor a peça ao calor, à umidade, à poeira e a quaisquer outros meios desnecessários para o exame que possam deixar marcas no papel. Se a peça de exame estiver grampeada a outro suporte, o perito deve ter o cuidado de remover os grampos sem causar danos e, se necessário, grampear novamente no mesmo local após a realização dos exames. Por fim, recomenda-se que a peça não seja retirada do local de trabalho, tampouco seja deixada sem o devido cuidado sobre a mesa (Mendes, 2015).

Adotados tais cuidados, com a preservação da peça de exame custodiada pelo perito, a garantia de que fatores exógenos posteriores à entrega da peça ao profissional técnico não alteraram os resultados apresentados no laudo é, sem dúvida, maior.

Além da peça de exame, os **padrões de confronto** também são de suma importância para os estudos de autenticidade ou falsidade documental. Vários dos exames em documentografoscopia são comparativos, especialmente aqueles que visam determinar a autoria de escrita. Para que sejam realizados com segurança, gerando resultados confiáveis, os padrões de confronto são fundamentais.

Nesse sentido, Erick Simões da Camara e Silva destaca:

> o sucesso de uma análise grafoscópica dependerá basicamente de três fatores: as características dos escritos questionados, a capacidade técnica do analista e a qualidade dos padrões gráficos. O primeiro desses fatores dificilmente pode ser melhorado ou aperfeiçoado, já que não se podem escolher quais documentos serão examinados, assim como um médico não escolhe os pacientes que irá atender. O segundo fator, o perito, depende de vários anos de estudo e trabalho prático para que tenha condições de atuar com eficiência, mas nunca mudará sua natureza humana, limitada e passível de falhas. O terceiro fato é o único que pode ser elevado a um patamar muito próximo da perfeição, de modo a não impor nenhuma limitação aos trabalhos e, às vezes, até mesmo compensar, ainda que parcialmente, algumas limitações dos outros dois elementos. (Silva; Feuerharmel, 2013, p. 237)

Em geral, os padrões gráficos para a comparação devem seguir quatro regras essenciais: ser autênticos, adequados, contemporâneos e em quantidade suficiente para a realização dos estudos necessários. Quanto à **autenticidade**, dizem-se autênticos os padrões de confronto que têm origem certa. Del Picchia Filho (2016, p. 105) esclarece que "existem padrões que têm, por si sós, presunção legal de autenticidade material. São aqueles produzidos perante autoridade pública competente: juízes, delegados, tabeliães etc. A identidade é como que afiançada por quem preside o lançamento ou a coleta". Essa presunção, no entanto, não é absoluta, razão pela qual o perito deve investigar todos os padrões de confronto que não foram produzidos em sua presença.

É no sentido de cautela que o próprio autor alerta que "documentos particulares não oferecem garantia de autenticidade, mesmo quando as assinaturas estiverem reconhecidas por tabelião. Com padrões dessa natureza, ressalvas podem ser obrigatórias no laudo" (Del Picchia Filho, 2016, p. 105).

Nas fraudes documentais, é comum que se transportem de um documento para outro os selos de cartórios em autenticação de assinaturas. Hoje, com os selos digitais, é de fácil verificação onde ele foi colocado e o cartório responsável.

Ainda sobre a autenticidade dos padrões, conforme Mendes (2015, p. 203-204),

> é certo que o padrão deva ser espontâneo, ou seja, represente a grafia habitual do escritor. É evidente que, na perícia criminal, o suspeito sempre tentará ocultar o seu grafismo [...]. Para evitar que o suspeito tenha êxito no disfarce e assim dificulte a perícia, sem, entretanto, impedi-la, deve-se conversar com o suspeito enquanto ele escreve, procurando quebrar a sua atenção para o artificialismo que deseja pôr em prática. Além disso, quanto mais ele escrever, maior a possibilidade de que, com a quebra da

atenção, ele venha exarar, traído pelo seu subconsciente, a sua escrita normal.

Em perícias cíveis, normalmente, o padrão de confrontos é produzido com a vítima, que teve sua escrita imitada e, portanto, não tem interesse em produzir padrões alterados ou disfarçados, mas, de qualquer forma, a tensão natural da coleta de padrões, envolvendo a presença de estranhos, incluindo o perito, pode produzir alterações na escrita que também acabam mitigadas pela conversa para que o subconsciente faça seu papel.

Nos processos cíveis, em sua maioria, a discussão gira em torno da veracidade da assinatura, e não da veracidade do documento – busca-se confirmar se foi a vítima ou não quem assinou; raras vezes a procura é pelo autor da falsificação.

A **adequabilidade** diz respeito às condições de produção do padrão de confronto, que, em tudo o que for possível, devem reproduzir a peça de exame. Assim, "se a peça de exame estiver à tinta, o padrão deverá ser à tinta. Se em papel pautado, o suporte dos padrões também assim deverá se apresentar, e daí por diante" (Del Picchia Filho, 2016, p. 107).

Além disso, a adequabilidade também se refere aos elementos que podem ser comparados e àqueles que não se prestam para confrontos. É possível comparar lançamentos de texto com lançamentos de texto e assinaturas com assinaturas, mas, em regra, não é adequado o uso de lançamentos de texto para confrontação com assinaturas e vice-versa. Ademais, sempre que possível, o padrão de confronto deve conter as mesmas palavras que a peça de exame, visando observar a construção morfológica dos gramas* como um todo.

Mendes (2015, p. 204) ainda alerta para os cuidados que devem ser tomados com o campo gráfico, quando afirma que "a adequação

---

* Ao traço feito de uma só assentada, sem que sejam verificadas interrupções do movimento e sem que o instrumento escritor mude de direção, dá-se o nome de *grama*, que é a unidade gráfica no estudo grafocinético.

dos padrões de confronto à peça de exame deve, também, atender às dimensões do campo gráfico". Por exemplo, se a assinatura estiver em uma folha pautada, é preciso colher a amostra em folha pautada; se o documento for um cheque, é necessário colocar a coleta com o mesmo tamanho de um cheque, pois, para escrever em um cheque, existe limitação de espaço.

    O perito deve estar atento para problemas naturais gerados pela posição do escritor. Sobre o tema, são insubstituíveis as palavras de Del Picchia Filho (2016, p. 109): "ao lançar a escrita, a pessoa poderá estar: sentada, com os braços apoiados; sentada, mas sem acomodação satisfatória; ou em pé, sem qualquer apoio para o braço. Essas diferentes posições são susceptíveis de acarretar modificações acidentais no grafismo. Implicam em mudança do 'pivô' gráfico". O pivô gráfico é, justamente, o ponto de apoio do escritor, mas é importante lembrar que nem sempre essas diferenças vão obstar a análise adequada da escrita, devendo o perito avaliar a qualidade dos padrões de confronto no que diz respeito à adequabilidade, descartando o que não puder ser utilizado, fazendo ressalvas no laudo, quando for o caso, ou, se inevitável, informando sobre a impossibilidade de pronunciar-se adequadamente a respeito de determinado caso pela inutilidade dos padrões de confronto.

    Quanto à **contemporaneidade**, requer-se um tempo para haver modificação na escrita:

> em regra, o escritor precisa de espaço de tempo superior a dois anos para incorporar novas formas, transformando-as em realização automática. Por esse motivo, e como critério arbitrário, aplicável aos casos normais, costumou-se fixar o período de dois anos, como espaço de tempo caracterizador da contemporaneidade gráfica: dois anteriores e dois posteriores. (Del Picchia Filho, 2016, p. 111)

Finalmente, com relação à regra da **quantidade**, quanto mais numerosos forem os padrões de confronto, melhor o perito poderá estudar os padrões gráficos do escritor e, consequentemente, melhor poderá determinar a autoria da peça de exame. Assim, a análise de assinaturas, por exemplo, não deve ser feita, em regra, com um único padrão para cotejo, especialmente porque não existem duas assinaturas iguais e identificar diferenças normais exige que o perito tenha acesso ao maior número de padrões possíveis. Nesse sentido, Del Picchia Filho (2016, p. 112) leciona que "evidentemente, dispondo de uma única peça de comparação, o técnico poderá ficar em dúvida se determinadas características são costumeiras ou acidentais. Se as eventuais disparidades morfológicas, por exemplo, são decorrentes da dualidade de origens ou das mudanças do próprio escritor".

Ademais, padrões autênticos produzidos em dias diferentes em um período aceito como contemporâneo são de grande valia, em geral, para o perito, ainda mais do que vários padrões colhidos em um único momento, já que a chance de espontaneidade nos padrões produzidos em dias diferentes é maior. Assim, sempre que possível, o perito deve observar os documentos que se encontram nos autos do processo, como procurações, declarações, boletins de ocorrência, contratos que se sabem autênticos, fichas bancárias, fichas de assinatura em tabelionatos e outros, além do padrão eventualmente produzido em sua presença, de modo que o estudo do gesto gráfico seja o mais bem-sucedido possível.

Aqui, embora algumas regras sejam mais bem aplicadas à coleta de padrões gráficos produzidos manualmente, em tudo o que possam ser aplicados, inclusive na quantidade, tais regramentos devem ser observados para padrões de confronto de escritas mecanográficas e computadorizadas. Conforme já vimos, o perito pode ser questionado sobre autoria de textos datilografados e digitados, sendo obrigado a identificar, além de outros vestígios, hábitos de escrita do datilógrafo ou digitador, os quais são mais facilmente revelados se for possível proceder com análises em farto material autêntico.

Além dessas regras para a adequada identificação de padrões que possam ser utilizados com segurança, algumas orientações para a **coleta de padrões**, quando esta for realizada pelo perito, devem ser observadas, também visando evitar produzir padrões que possam dificultar a análise e o cotejo com a peça de exame.

Antes do ato de coleta dos padrões, o técnico deve analisar a peça de exame, se há texto questionado, assinatura questionada, se há quesitos sobre alterações cronológicas na peça, se o suporte é pautado, quais são as dimensões do campo gráfico do documento, que tipo de tinta e utensílio foram utilizados para a escrita etc. Uma vez feita essa análise prévia, será possível providenciar materiais semelhantes para o momento da coleta.

Providenciados os materiais adequados e verificados os padrões que devem ser colhidos – texto, assinatura ou ambos e, se for esse o caso, quais palavras presentes no documento questionado devem ser reproduzidas no texto a ser coletado –, no início do ato da coleta, mais algumas questões devem ser observadas. Erick Simões da Camara e Silva leciona que

> um dos primeiros procedimentos a se adotar é a identificação do escritor por meio de seus documentos pessoais, que serão fotocopiados (ou melhor ainda, digitalizados em uma boa resolução) antes mesmo de se iniciar a coleta, anexando-se a cópia aos padrões produzidos – o que constituirá um padrão gráfico natural da assinatura do fornecedor, bem como permitirá ao perito conhecer alguns dados pessoais, como a idade e a nacionalidade do escritor. Esses documentos devem ser restituídos somente ao final da coleta. (Silva; Feuerharmel, 2013, p. 245)

O técnico deve procurar, também no início do ato de coleta, criar um ambiente amistoso, acolhedor e tranquilo, a fim de evitar estados psicológicos alterados, que possam resultar em escrita também alterada. Del Picchia Filho (2016, p. 114) destaca que o perito sempre deve

> procurar reconhecer as condições psicológicas de quem está fornecendo material gráfico – se nervoso ou calmo. Na primeira hipótese, esforçar-se por serenar o ânimo do escritor, com ele conversando e procurando ganhar sua confiança. O estado psicológico é um dos motivos pelos quais se critica o material gráfico colhido em juízo ou na polícia. A timidez ou o medo podem provocar estados inibitórios de grande influência no grafismo.

Ainda quanto ao escritor, é aconselhável indagar se o fornecedor de padrões usa lentes corretivas e, em caso positivo, solicitar que os padrões sejam fornecidos com o uso das lentes no momento da escrita.

Tomados esses cuidados iniciais, se a coleta for de **assinaturas**, o perito deve solicitar ao fornecedor dos padrões que repita sua assinatura usual diversas vezes sobre o suporte. A repetição ajuda no relaxamento e na produção de escrita com padrões e hábitos inalterados. Além do mais, conforme dissemos, quanto maior for o número de padrões, mais fácil será para o perito descartar alterações usuais do próprio escritor e outras que possam indicar falsidade. Na doutrina sobre o tema, não há exatamente um consenso sobre o número ideal de repetições, mas recomendamos colher mais de dez amostras.

No caso de coleta de **texto**, o perito deve proceder com um ditado, contendo as palavras da peça de exame. O aconselhável é que se reproduza o texto questionado para confronto, mas, se o perito entender que a reprodução do texto pode dar conhecimento da peça de exame a um suposto não falsário, é possível alterá-lo, sem, no entanto, subtrair as palavras a serem confrontadas. O ditado deve ser em português correto, e a coleta, sempre que possível, a exemplo das assinaturas, deve ser repetida várias vezes.

Além dessas regras, algumas atitudes são desaconselháveis no momento da coleta de material gráfico. Não se deve exibir a peça de exame para o fornecedor de material no momento da coleta, a fim de evitar que ele procure alterar padrões deliberadamente. Também não se deve dar ao fornecedor textos para serem copiados. A cópia pode exigir que o escritor faça pausas não naturais em sua escrita, razão pela qual se opta pelo ditado. Não se deve também fazer sugestões quanto à disposição do texto, dos parágrafos ou do uso de letras maiúsculas e minúsculas, tampouco fazer correções ortográficas e, por último, não se deve exercer pressão sobre o escritor, justamente para evitar que seu estado psicológico se altere. Como podemos perceber,

> existem basicamente dos tipos de padrões gráficos: os padrões fornecidos **sob demanda** (produzidos a pedido) e os **padrões naturais**. Estes últimos consistem em quaisquer escritos sabidamente produzidos por uma determinada pessoa durante sua vida normal, muitas vezes antes mesmo de ela estar implicada com as questões que motivaram a perícia a ser realizada. Os padrões fornecidos sob demanda são produzidos especificamente para a realização de uma perícia grafoscópica e normalmente o seu fornecedor tem pleno conhecimento das razões que motivaram sua produção. Cada uma dessas espécies de padrões tem seus pontos fortes e suas deficiências, não sendo pertinente questionar qual delas é a melhor: elas são complementares entre si e o ideal é que se trabalhe sempre com ambas. (Silva; Feuerharmel, 2013, p. 237, grifo nosso)

É evidente que nem sempre todos os padrões de confronto ideais estarão disponíveis. É comum questionar assinaturas de agentes falecidos, o que impossibilita, por óbvio, a coleta de material pelo perito, ou mesmo a obtenção de assinaturas que obedeçam a um critério razoável de contemporaneidade. Outras vezes, o perito se depara com situações menos usuais, como escritores que sofreram acidentes que prejudicaram sua capacidade de escrita, modificando ou impossibilitando o gesto gráfico, o que, mais uma vez, dificulta a produção de padrões de confronto adequados.

Contudo, à medida que o perito ganha em experiência e tempo de estudo, sua capacidade de perceber quais padrões são suficientes e adequados também se desenvolve. Isso permite que condições fora do ideal – o que ocorre em grande parte das perícias – sejam superadas de maneira adequada, sem comprometer a produção de resultados confiáveis.

Feitas essas reflexões, o capítulo seguinte é dedicado a questões de grafoscopia, relativas às falsidades gráficas e aos métodos de detecção, uma vez que a grafoscopia talvez seja a parte da documentoscopia que mais gera problemas e, por conseguinte, casos para análise pericial.

Síntese

Neste capítulo, abordamos as fraudes documentais, destacando as alterações físicas de um documento e suas verificações. Também tratamos da fraude ideológica e da dificuldade de reconhecê-la. Para realizar uma análise documental, partimos da análise do documento questionado, ou que se suspeita falso, comparando-o com o documento-padrão, este sim o verdadeiro.

Para saber mais

BRASIL. Banco Central. **Circular n. 31, de 17 de outubro de 1969**. Disponível em: <https://www.bcb.gov.br/pre/normativos/busca/downloadNormativo.asp?arquivo=/Lists/Normativos/Attachments/39899/Circ_0131_v2_L.pdf>. Acesso em: 8 nov. 2019.

No *site* do Banco Central, você encontra todos os itens de segurança das cédulas de reais.

BRASIL. Banco Central. **Conheça as notas brasileiras**. Disponível em: <https://www.bcb.gov.br/dinheirobrasileiro/primeira-familia-cedulas.html>. Acesso em: 8 nov. 2019.

Nos *sites* oficiais, você obtém informações sobre os dados de segurança dos documentos oficiais.

BRASIL. Ministério da Justiça. Departamento de Polícia Federal. Instituto Nacional de Criminalística. **Manual de orientação de quesitos da perícia criminal**. Brasília, 2012. Disponível em: <http://www.criminal.mppr.mp.br/arquivos/File/Manual_Orientacao_Quesitos_Pericia.pdf>. Acesso em: 8 nov. 2019.

O *site* do Ministério da Justiça disponibiliza um manual com orientações sobre os quesitos da perícia criminal.

LIMA, N. P. **Desenvolvimento das competências técnicas dos peritos documentoscópicos da Polícia Federal**. Dissertação (Mestrado em Administração) – Fundação Getulio Vargas, Rio de Janeiro, 2013. Disponível em: <http://bibliotecadigital.fgv.br/dspace/bitstream/handle/10438/11418/Dissertacao%20Narumi.pdf;jsessionid=B737171E6129C501A5BEB2E46B315F33?sequence=1>. Acesso em: 8 nov. 2019.

A dissertação indicada trata das competências de um perito e é leitura recomendada para quem busca se aprofundar no assunto.

Questões para revisão

1. Assinale a alternativa que **não** indica um crime de falsificação documental:
   a) Falsificar no todo documento público.
   b) Falsificar em partes documento público.
   c) Falsificar notas de dinheiro.
   d) Imitar impressos que imitam dinheiro colocando a logomarca da loja.
   e) Imitar impresso de dinheiro para passar por verdadeiro.

2. Assinale a alternativa que **não** indica um requisito para configurar um crime de falsidade documental:
   a) Alteração da verdade sobre o fato juridicamente relevante.
   b) Imitação da verdade.
   c) Imitação grosseira para a divulgação de um produto.
   d) Potencialidade de dano.
   e) Potencialidade de dolo.

3. Analise as afirmativas a seguir e indique V para as verdadeiras e F para as falsas.
   ( ) Na falsidade ideológica, o vício recai sobre a exterioridade do documento.
   ( ) As alterações em um documento podem ser somente ideológicas.
   ( ) As alterações de documentos por rasura podem ser somente superficiais.

Agora, assinale a alternativa que apresenta a sequência correta:

a) V, V, V.
b) V, F, V.
c) V, F, F.
d) F, F, F.
e) F, F, V.

4. Quais são os verbos utilizados na falsidade documental?
5. Estabeleça a diferença entre documento questionado e documento-padrão.

Questão para reflexão

1. Documentos oficiais como carteira de identidade ou cédulas do dinheiro nacional têm itens de segurança para evitar que sejam falsificados. Quais são esses itens?

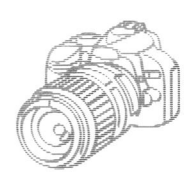

GRAFOSCOPIA

Conteúdos do capítulo:
- Grafoscopia.
- Tipos de falsificação.
- Métodos de verificação da falsidade gráfica.

Após o estudo deste capítulo, você será capaz de:
1. conceituar grafoscopia e entender como são realizadas suas análises;
2. reconhecer os tipos de análises destinadas a demonstrar a veracidade da assinatura;
3. compreender o que é o método grafocinético.

3.1 Falsidades gráficas

As falsidades gráficas representam significativa parcela dos casos de falsidade documental e, "embora qualquer tipo de manuscrito possa ser objeto de imitação, é com as firmas (assinaturas e rubricas) que ocorre a maioria dos casos" (Silva; Feuerharmel, 2013, p. 210). Neste capítulo, nosso objetivo é abordar a identificação das técnicas de falsificação e os principais métodos utilizados para seu reconhecimento.

As fraudes documentais ocorrem em diversos casos, por exemplo, diante da necessidade de autorização para algum procedimento, um dos sócios não concorda com a atitude do outro e, para concretizar o ato, falsifica-se a assinatura no documento. Por óbvio, esse documento não tem validade, mas, para provar tal nulidade, é necessário ter conhecimentos de grafoscopia. Na maioria das vezes, o juízo solicita uma perícia para atestá-la.

Conforme nosso estudo das teorias sobre a escrita no capítulo anterior,

> a gênese gráfica é a sucessão de movimentos determinados pelos impulsos cerebrais, que dão origem à forma. A gênese gráfica, portanto, é a materialização dos impulsos que emanam do centro nervoso da escrita; por isso é o elemento dinâmico e, por consequência, específico e inerente a cada punho. Não estando os impulsos cerebrais ao sabor da vontade do homem, depois de instalado o gesto gráfico pela sua automatização, a gênese é perene em condições normais psicossomáticas. A gênese é o elemento específico da escrita porque depende das condições psicossomáticas de cada indivíduo. Assim como as características físicas, fisiológicas e psíquicas variam ao infinito de pessoa para pessoa, também os movimentos psicossomáticos do gesto gráfico, ou seja, da gênese, variam sem limites e são peculiares de cada punho escritor. Não existindo, portanto, duas pessoas

de movimentos iguais, não podem existir grafismos idênticos. (Mendes, 2015, p. 37)

Por essa razão, ainda que um falsário tente ao máximo reproduzir a escrita de um terceiro, é possível identificar, mesmo em breves momentos, a gênese do movimento peculiar ao punho escritor, além dos momentos em que não estão presentes as características específicas daquele punho ao qual se atribui determinada escrita que de fato não lhe pertence.

Assim, a **gênese do traço** sempre compreende alguns elementos, quais sejam, o início, que se manifesta no momento do ataque do lançamento; a projeção, que é a forma de evolução do lançamento após o ataque; a intensidade, que se traduz pela pressão exercida pelo punho escritor para realizar o lançamento sobre o suporte; e a aceleração, que é a velocidade da escrita ou do lançamento gráfico. Em algum ou em todos esses elementos, a singularidade do lançamento de um indivíduo ficará registrada, servindo, para o técnico, de vestígio da falsidade ou da autenticidade do lançamento.

Além desses momentos dinâmicos da escrita, a chamada *forma gráfica* também pode ser utilizada como elemento de comparação. Também conhecida como *elemento estático da escrita*, merece atenção significativa em sua avaliação, tendo em vista que formas gráficas praticamente idênticas não significam, necessariamente, unicidade de punho escritor na autoria de dois traços comparados. Diferentes movimentos podem gerar idênticas formas.

O perito também poderá, para identificar eventuais falsificações, ou mesmo escritas autênticas, valer-se de elementos formais da escrita, tanto objetivos quanto subjetivos.

No que tange aos **elementos objetivos**, o perito deve avaliar o calibre dos grafos, a inclinação axial dos gramas e da escrita, os espaçamentos e o andamento gráficos, que guardam relação com o número de movimentos gráficos para a formação de cada palavra, os alinhamentos gráficos, as relações de proporcionalidade entre os gramas e, finalmente, os valores angulares e curvilíneos da escrita em análise. Vejamos as imagens a seguir. Na Figura 3.1, as setas indicam o tamanho das letras e o tamanho de toda a escrita.

Figura 3.1 – Análise de assinatura 1

A inclinação axial diz para que lado se inclina a escrita – se para a direita ou para a esquerda – ou, ainda, se não há inclinação e permanece no eixo. Observe que o S inicial não tem inclinação acentuada nem para direita nem para a esquerda, mantendo-se no eixo. Já a letra B tem inclinação para a direita, conforme evidencia a Figura 3.2, a seguir.

Figura 3.2 – Análise de assinatura 2

Os espaçamentos gráficos são a distância de cada letra em relação à anterior e à posterior ou a distância entre um grafo ou entre palavras. Na Figura 3.3, mostramos com setas as distâncias.

Figura 3.3 – Análise de assinatura 3

O andamento gráfico é o número de grafos formados para uma escrita. É quando o punho escritor tira o instrumento escritor do suporte, como mostramos na Figura 3.4, a seguir. Note que a escrita de *Sônia* é formada por quatro grafos: *S*, *O*, acento do *O* e *NIA*.

Figura 3.4 – Análise de assinatura 4

Quanto aos **elementos subjetivos**, conforme leciona Mendes (2015, p. 43),

> contrariamente aos objetivos, não podem ser demonstrados, embora sentidos pelo examinador. Os elementos subjetivos mais apontados pelos especialistas consistem no aspecto geral da escrita, traduzido pela qualidade do traço que, por sua vez, depende do grau de habilidade de punho, do ritmo da escrita, da velocidade e do dinamismo gráfico.

Observados os elementos de escrita que individualizam o gesto gráfico, antes de tratar das técnicas de falsificação e dos principais métodos de grafoscopia, o perito também deve saber que existem causas involuntárias e patológicas que modificam a escrita de um indivíduo, sem que isso, evidentemente, configure algum tipo de fraude ou falsificação.

Entre as **causas involuntárias**, a doutrina identifica as chamadas *normais* e as *acidentais*. As causas involuntárias normais

> dizem respeito à própria evolução e posterior involução do gesto gráfico. A escrita, do início do aprendizado, até sua plena efetivação, formalmente, passa por vários patamares, como o da escrita canhestra, que constitui mais uma cópia de modelos do que propriamente escrita; o da escrita escolar, quando o escritor já abandona os modelos e escreve, ainda com relativa morosidade, caligrafando as formas e, finalmente, o da automatização, quando o escritor redige com grande dinamismo, emprestando ao gesto gráfico sua própria individualidade. A partir desta fase,

que constitui o apogeu da escrita, com a idade avançada, perde-se a tonicidade somática do órgão escritor e, com a maior lentidão dos reflexos, a escrita involui, aproximando-se, às vezes, da primária. É a escrita senil. (Viñals Carrera; Tutusaus Lóvez, 2003)

Quanto às causas involuntárias acidentais, é possível citar os estados de ânimo, como a ira, a raiva, o medo, a euforia, a atenção, a falta de atenção e o estado de embriaguez. Além disso, também configuram como causas involuntárias acidentais aquelas que são externas ao escritor, como é o caso do suporte inadequado, do estado do instrumento utilizado para escrever, do calor ou frio excessivo, da superfície inadequada para o suporte e da posição desconfortável para o agente.

Ainda, há as **causas patológicas**, que podem afetar tanto a mecânica muscular do movimento quanto a parte psíquica responsável por comandar essa mecânica muscular. Hoje, há inúmeras doenças que podemos citar como exemplo de patologias que afetam ou impossibilitam a escrita, seja no que tange à função cerebral, seja no que diz respeito à função muscular, como é o caso da demência senil, da esclerose múltipla, do mal de Parkinson ou, em alguns casos, da surdez congênita.

Dessa forma, descartadas as causas modificadoras involuntárias e patológicas, são cinco as formas de falsificação gráfica com as quais o perito vai se deparar. As sem imitação, as de memória, as por imitação servil, as por decalque e as por imitação livre ou exercitada.

3.1.1 Tipos de falsificação

Entre os tipos de falsificação, aqueles que menos causam dificuldades para o trabalho pericial são os **sem imitação**, que, conforme Del Picchia Filho (2016, p. 271), aparecem "quando se escreve o nome de alguém, à guisa de assinatura, sem procurar reproduzir as respectivas formas gráficas".

O autor identifica, portanto, esse tipo de falsificação porque "o falsário pode lançar o nome de outrem, quer escrevendo-o com sua grafia corrente, quer disfarçando-a" (Del Picchia Filho, 2016, p. 271), mas sem que esse lançamento procure imitar os gestos gráficos do terceiro cujo nome foi utilizado, o que, conforme já ressaltamos, pode gerar certa polêmica jurídica.

Nos elementos caracterizadores dos crimes de falsidade documental, a imitação da verdade está presente, e isso representa elemento essencial para que se configure crime. Portanto, é possível imaginar que, na falsificação sem imitação, o elemento de reprodução verossímil da verdade, visando enganar o outro, esteja ausente e, consequentemente, também a ilicitude. O certo é que

> a controvérsia, porém, não interessa ao técnico. O conceito de falsidade, no campo grafoscópico, nada tem a ver com o jurídico. Para o grafotécnico, falsa será sempre a escrita não originária do próprio, isto é, da pessoa específica, qualificada a produzi-la. Ora, se uma escrita, por qualquer circunstância, devia provir de A, mas se comprova ter sido lançada por B, ela será falsa, inautêntica ou espúria. E se B, ao firmar ou escrever documento de A, o fizer sem imitar os caracteres do último, sem dúvida, produz uma falsificação sem imitação. (Del Picchia Filho, 2016, p. 271)

Fica claro, então, que o trabalho do *expert* em grafoscopia difere do trabalho do advogado do processo. A este cabe a discussão jurídica, e ao *expert* cabe a discussão científica da falsidade documental. O especialista em grafoscopia entra no processo como auxiliar do juízo ou como auxiliar do advogado da parte para esclarecer pontos científicos que fogem ao conhecimento dos contratantes.

Ademais, se o falsário pretende se valer do documento falso contra um terceiro diverso daquele a quem a escrita foi atribuída, o potencial lesivo do documento se mantém, especialmente se o terceiro não conhece a escrita habitual (bem como a assinatura) daquele a quem a assinatura sem imitação é atribuída.

Por sua vez, as falsificações **de memória**

> são aquelas executadas com auxílio exclusivo da memória, por quem já viu, anteriormente, uma determinada assinatura ou escrita autêntica. O autor da falsificação, por conseguinte, não está de posse do modelo físico, para dele tirar cópia. Reproduz aqueles feitios que conseguiu guardar em sua mente. (Del Picchia Filho, 2016, p. 280)

Sobre essa técnica, Mendes (2015, p. 57) afirma que

> o falsário, é evidente, guarda de memória os gestos mais aparentes da assinatura que vai reproduzir, como as letras iniciais, maiúsculas, as cetras – traços ornamentais que arrematam as assinaturas –, mas não memorizam o conjunto todo. O traçado dessas falsificações é híbrido: há traços morosos, aqueles que estão sendo reproduzidos pela memória, e outros mais rápidos, que são resultantes da própria escrita do falsário.

Ainda sobre aspectos que caracterizam a falsificação de memória, Del Picchia Filho (2016, p. 281) ensina que

> as falhas dos falsários são de duas naturezas: morfológicas e ortográficas. Alguns feitios gravam-se na mente do falsificados e ele os reproduz. Outros, porém, são esquecidos. A substituição se processa com emprego de formas diferentes. Coexistem, assim, semelhanças e diferenças morfológicas. Outras vezes, o falsificador não guardou bem a ortografia do escritor-vítima. Daí o emprego, algumas vezes, de palavras ou assinaturas com ortografias distintas. Tais erros são frequentes nos vocábulos de consoantes geminadas. Às vezes, até prenomes ou sobrenomes são suprimidos.

Já as falsificações por **imitação servil** são conceituadas pela doutrina como "aquelas em que o falsário, colocando o modelo à sua frente, o copia servilmente" (Del Picchia Filho, 2016, p. 287) ou, ainda, quando "o falsário, fiel a um modelo, o reproduz no documento que está forjado" (Mendes, 2015, p. 58).

Tais falsificações são consideradas lentas, ou pobres, visto que suas características mais marcantes são as semelhanças formais, abrangendo também traçados morosos, diferenças grafocinéticas, paradas do traço ou retoques, divergência na qualidade do traçado e nas qualidades gerais. Nesse sentido, Mendes (2015, p. 58) elucida:

> a comparação do produto de uma imitação servil com a assinatura legítima mostra flagrante diferença na qualidade do traçado e total discrepância dos elementos genéticos. Como se trata de uma cópia, apenas há coincidências de ordem formal. Alguns falsários, depois de executar a cópia, procuram melhorar o lançamento por meio de retoques cuidadosos, deixando mais uma marca do embuste.

As diferenças de qualidade e velocidade do traçado são elementos identificadores da falsificação por imitação servil, porque esse é um "trabalho lento, o resultado gráfico, por conseguinte, não pode ser normal" (Del Picchia Filho, 2016, p. 288). A realização de gestos gráficos com lentidão resulta em "igual quantidade de tempo despendido na execução dos traços ascendentes, descendentes e laterais" (Del Picchia Filho, 2016, p. 288), o que não é usual no ato de escrever. Além disso, "o punho do falsário está sempre contraído, sem aqueles relaxamentos musculares próprios da escrita natural. A atenção do falsificador volta-se, com frequência, para o modelo. Dessas situações surgem anormalidades significativas" (Del Picchia Filho, 2016, p. 288).

Por fim, nas imitações servis, será relativamente simples para o perito identificar levantamentos anormais da caneta e, também, paradas anormais quando cotejados a peça de exame e os padrões de confronto. No primeiro caso, o instrumento escrevente utilizado é retirado do papel em trechos diversos dos identificados na escrita autêntica. Isso ocorre por uma série de motivos, como a atenção voltada ao modelo, a dificuldade de execução de determinados movimentos verificados na escrita autêntica (o falsário não sabe como o grama foi formado) ou até a melhor acomodação do punho para adequar-se às inclinações e às peculiaridades verificadas no modelo.

No segundo caso, não há perda do instrumento escritor com o papel, mas há pausa em pontos diversos dos da escrita autêntica. O resultado é a formação de pontos de pouso, formados pela natural impregnação de tinta no papel. Os motivos que levam às paradas anormais são os mesmos que conduzem ao levantamento do instrumento escritor e à perda de contato com o papel, mas, especificamente no caso das paradas, o falsário procura manter o contato da caneta com o papel na tentativa de não perder o sentido do traço que pretende imitar.

Evidentemente, falhas como essas facilitam o trabalho do perito, que pode, inclusive, observar a mudança de pressão do instrumento escritor nos momentos de parada, de diminuição de velocidade e de dificuldade de execução de movimentos.

Outra forma comum de falsificação gráfica é o **decalque**. Mendes (2015) esclarece que existem dois tipos de decalque: o direito e o indireto. Para "se reproduzir uma assinatura legítima pelo processo de decalque direito, basta colocar o modelo sob o suporte da peça que se prepara e, por transparência, cobrir o traçado daquele" (Mendes, 2015, p. 59). No decalque indireto, "a diferença reside no fato de o falsário reproduzir o modelo primeiramente a lápis, ou transferi--lo com emprego de papel-carbono, para depois recobrir o debuxo. Consequentemente, o produto apresentará vícios dessas duas operações" (Mendes, 2015, p. 59).

Pela natureza da falsificação por decalque, os elementos formais apresentarão grande semelhança, o que pode ser, por si só, vestígio da falsificação. Não existem duas assinaturas formalmente iguais, ou seja, se a sobreposição das assinaturas mostra que são – em tudo o que diz respeito à forma – idênticas, então é certo que uma delas, ou ambas, são falsas. Contudo, os decalques apresentam problemas semelhantes aos já identificados nas imitações servis. Assim, o traçado é de qualidade e de velocidade absolutamente diferentes no cotejo entre o paradigma e a peça de exame, e a gênese apresenta divergências significativas. A pressão aplicada pelo instrumento escritor sobre o suporte também diverge na maioria dos casos.

Finalmente, o último dos tipos de falsificação identificados mais comumente pela doutrina é por **imitação livre** ou **imitação exercitada**. Nessa modalidade de falsificação, o falsário vale-se, inicialmente, de um ou mais modelos, mas exercita a confecção da assinatura até que não precise mais deles para realizá-la. Sobre esses estudos feitos pelo falsário, Del Picchia Filho (2016, p. 337) comenta que "os exercícios podem ser longos, procedidos em dias diferentes, ou executados com antecipação de algumas horas ou minutos. Isso dependerá das faculdades retentivas do falsário e da respectiva facilidade de acomodação do mecanismo muscular".

Esse tipo de falsificação produz os melhores resultados no que diz respeito à imitação da verdade e, por essa razão, é o que tem mais chances de enganar o leigo. Essa "superioridade, em relação aos demais processos, decorre da circunstância de ser a imitação livre a que mais se aproxima ao modo normal de produção gráfica" (Del Picchia Filho, 2016, p. 338).

Como destaca Del Picchia Filho (2016, p. 338),

> nos grafismos, o escritor parte de um modelo inicial (em regra, aprendido na escola), copiando-o servilmente. Com a repetição, sobrevém o desenvolvimento do grafismo, que poderá passar pelas mais diversas transformações. Mesmo quando, mais tarde, adotar caracteres novos, sempre necessitará de se familiarizar com sua confecção. Não é esse, em outras circunstâncias, o processo de imitação livre?

Filosofia latino-americana e brasileira

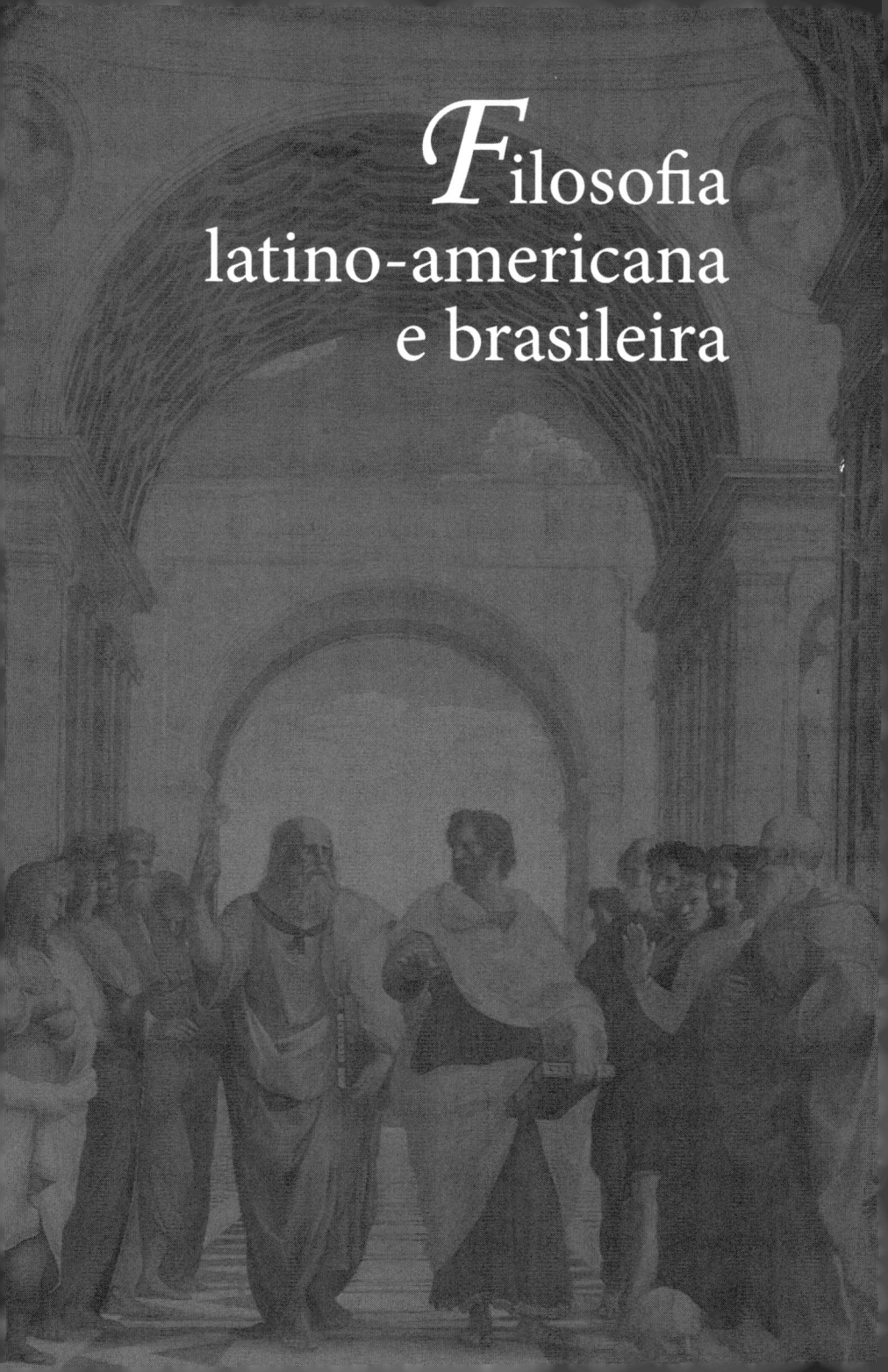

SÉRIE ESTUDOS DE FILOSOFIA

inter
saberes

Dessa maneira, o falsário se familiariza com o grafismo que pretende reproduzir na tentativa de naturalizá-lo, mas, de acordo com as teorias da escrita, em alguns momentos, será inevitável que o subconsciente do falsário prevaleça, o que resultará na inclusão de traços de sua escrita característica na assinatura que tenta imitar.

Também alguns feitos particulares acabam não sendo percebidos pelo falsário, principalmente aqueles que se caracterizam por adições diversas do que é usual na morfologia dos caracteres ou nas supressões nesse mesmo sentido. Esses pequenos detalhes recebem o nome de *idiografocinetismos*. Aplicados os métodos corretos, eles serão percebidos pelo perito juntamente a pequenos defeitos de traço, como indecisões, levantamentos ou paradas do instrumento escritor, embora estes sejam menos comuns nas falsificações por imitação livre.

Os tipos de falsificação apresentados são utilizados por um falsário visando reproduzir a assinatura de um terceiro. No entanto, há ainda a possibilidade de o falsário tentar, no intuito de enganar terceiros, falsificar a própria assinatura. Essas modalidades de falsificação são peculiares, pois, em verdade, são escritas autênticas às quais se quer dar o aspecto de falsificação.

Os tipos mais comuns de escritas autênticas às quais se quer transmitir o aspecto de falso são as autofalsificações e as simulações de falso gráfico. As **autofalsificações** são definidas por Del Picchia Filho (2016, p. 345) como

> aquelas modalidades de simulações de inautenticidade onde firmas autênticas são viciadas no ato em que consignadas, isto é, são aquelas assinaturas defraudadas pelo próprio atribuído e legítimo signatário, no próprio ato de lançamento, mediante a introdução de vícios e artifícios que ensejem inquiná-las de falsas. Ocorreriam, pois, quando o próprio escritor, no ato de lançar a escrita ou assinatura, nela registra vícios ou diferenças, para apoiar futura contestação de autenticidade.

Tendo em mente o objetivo de falsear os próprios lançamentos, o falsário pode, inclusive, valer-se das técnicas já aqui analisadas, como a imitação servil e o decalque, visando provocar em sua assinatura os defeitos mais comuns desse tipo de falsificação. Além disso, ele também pode empregar o autodisfarce, caracterizado pela introdução de diferenças morfológicas sobre alguns gramas ou sobre a totalidade dos gramas da própria assinatura.

As **simulações de falso gráfico** podem ser feitas nos mesmos moldes das autofalsificações, mas guardam uma importante diferença que pode auxiliar o perito no diagnóstico das escritas autênticas. Sobre o tema, Del Picchia Filho (2016, p. 358) esclarece que "a simulação de falso, na acepção técnica e do nome, pressupõe uma assinatura originariamente produzida sem qualquer defeito, a qual sofre, posteriormente, a adição de vícios", ou seja, nesse caso, o falsário acrescenta à própria assinatura retoques e simulações de decalque, por exemplo.

Sem dúvida, o reconhecimento de escritas autênticas que o falsário pretende passar por falsas representa grande desafio para os peritos, especialmente porque a habilidade do falsário pode fazer com que os vícios típicos das falsificações estejam presentes. Em alguns casos, a presença de divergências insuficientes para afirmar que se trata de falsificação e a presença de convergências suficientes para levantar suspeita sobre autofalsificações, mas não para constatar com a devida segurança científica, podem levar o perito a conclusões temerárias, sendo mais adequado apresentar um laudo inconclusivo, explicadas as razões para a indefinição.

Apresentadas as principais modalidades de falsificação, resta-nos o estudo dos principais métodos de identificação de tais falsificações, o que faremos nos tópicos seguintes, com destaque para a grafocinética, o método contemporâneo mais utilizado na elaboração de perícias na área de grafoscopia.

3.2 Métodos de verificação da falsidade gráfica

Durante a evolução da grafoscopia, vários meios ou métodos de exame foram desenvolvidos a fim de verificar a falsidade ou a autenticidade da escrita. Alguns se tornaram obsoletos, e outros podem auxiliar o perito até hoje, embora não sejam suficientemente precisos e adequados para ser utilizados sozinhos, tendo em vista os avanços contemporâneos da ciência em questão.

Aliás, o avanço da grafoscopia na contemporaneidade tem sido rápido e sustentado por novas tecnologias, como "o aperfeiçoamento dos aparelhos óticos (lupas, microscópios, espectógrafos, lâmpadas ultravioleta, monocromatizadores etc.), fotográficos e cinematográficos, e até com o aparecimento de novos processos de pesquisa, antes nem sequer imagináveis (como, por exemplo, os raios infravermelhos)" (Del Picchia Filho, 2016, p. 418). Isso tudo apresentou "ao estudioso oportunidades de exame que, até há alguns anos, nem sequer poderia imaginar" (Del Picchia Filho, 2016, p. 418).

O primeiro desses principais métodos de análise das falsidades em grafoscopia foi o **morfológico**, ou de **comparação formal**: "método de comparação das formas gráficas desenvolvido por Bertillon, que consistia, principalmente, na apreciação de convergências e divergência de elementos de ordem puramente formal, além de semelhança no feitio das letras, mediante a comparação de letra por letra" (Bandeira, 2016, p. 22).

Ocorre que, como apontamos no início deste capítulo, os elementos formais da escrita tratam meramente de formas que podem ser obtidas por diferentes movimentos, o que não é suficiente para determinar efetivamente o que singulariza a escrita de um indivíduo. Esse método não penetra na intimidade do traço, falhando em compreender a natureza da escrita e os aspectos psicossomáticos e musculares da produção.

Del Picchia Filho (2016, p. 420), sobre o tema, alerta que "desconhecendo ou não levando em conta variações naturais [da escrita], o processo [morfológico] induz, frequentemente, a impugnar como falsas escritas autênticas e, por outro lado, esquecendo as imitações, faz com que muitas escritas falsas sejam aceitas como verdadeiras".

Assim, dos tipos de falsidade analisados anteriormente, a imitação servil e o decalque, os quais têm como característica convergências formais, seriam suficientes para produzir resultados falsos que poderiam obter sucesso em ser reconhecidos como autênticos em razão das deficiências desse primeiro método.

O segundo método de que se valeram de forma significativa os estudiosos da área foi o **grafológico**. Segundo Bandeira (2016, p. 22), "com o fracasso do método criado por Bertillion os grafólogos se apressaram em pôr em evidência o método grafológico, que revelava as qualidades subjetivas da escrita, uma espécie de retrato da personalidade da pessoa". Assim, "enquanto o método morfológico apenas considerava as formas, o método grafológico dava mais atenção às características subjetivas do grafismo, calcado no estudo dos símbolos" (Cavalcanti; Lira, 1996, p. 66).

Nesse caso, o método traz evolução para a área ao reconhecer a existência de elementos subjetivos da escrita e ao procurar aplicar às análises parâmetros como dimensão, direção, forma, ordem, pressão, continuidade e velocidade. Contudo, a "busca dos 'signos' reveladores das qualidades morais, intelectuais e artísticas do escritor, [...] [que possibilitam] a identificação gráfica" (Del Picchia Filho, 2016, p. 421), é demasiadamente abstrata.

Conforme já afirmamos, os elementos subjetivos da escrita não podem ser demonstrados a contento, tendo relação com observações do perito que analisa, sem que, no entanto, individualizem de forma satisfatória a escrita de cada punho escritor. Isso porque elementos como a qualidade do traço podem apresentar grande variação em razão não só do estado de ânimo, mas também de problemas extrínsecos, como a qualidade do instrumento escritor (um lápis de ponta íntegra produzirá um traço diferente de um lápis cuja ponta está fraturada).

Ademais, segundo a doutrina, a exemplo do que acontece com o método morfológico, o método grafológico "seria ineficaz para a solução dos casos de decalques, sem falar noutros processos mecânicos de reprodução de escrita e, finalmente, é muito impreciso na sua própria enunciação" (Del Picchia Filho, 2016, p. 421).

Com os erros cometidos pelo uso do método morfológico e com a imprecisão do método grafológico contribuindo para a depreciação da perícia grafoscópica durante o século XIX, estudiosos da área passaram a se dedicar, no início do século XX, ao desenvolvimento de um método que pudesse recuperar o caráter científico da área e apresentar resultados consistentes e demonstráveis, superando os erros do apego à forma e a abstração do apego aos elementos subjetivos.

Assim, com a contribuição de Edmond Locard, surge a grafometria, ou método **grafométrico**, "com os seus processos objetivos e matemáticos, absorvendo e apaixonando as atenções dos interessados. Ali estava um processo suscetível de transformar o grafismo e as suas qualidades em números facilmente cotejáveis. Ele viria emprestar, à desacreditada perícia, a autoridade das conclusões matemáticas" (Del Picchia Filho, 2016, p. 253).

Del Picchia Filho (2016, p. 253-254) explica que o método se fundamenta

> no pressuposto de que os calibres das letras podem variar, mas os demais característicos variariam proporcionalmente. Inicialmente, pois, dever-se-ia tomar em conta o aumento ou a redução da calibragem, para medida das relações de proporcionalidade. Para esse fim, medir-se-iam as alturas das minúsculas não passantes, tirando-se-lhes a média. Depois disso, passar-se-ia a pesquisar os característicos gráficos passíveis de medição. Alturas de cada minúscula; extensão das hastes e laçadas;

tamanhos dos cortes do "t"; distância dos pingos dos "i"; grau dos ângulos e curvas etc., tudo seria medido, tanto nas peças questionadas como nos padrões. Com os resultados das medições, far-se-iam diagramas, nos quais as abscissas marcariam a média das alturas minusculares e as ordenadas a respectiva frequência. Então, seria fácil observar o comportamento das curvas. Se as linhas se superpusessem, ter-se-ia um decalque. Se fossem análogas, seria porque as escritas provinham de um único punho. As dessemelhanças ou desencontros comprovariam a dualidade de origem.

Embora seja possível afirmar que o método traz certos avanços, sua utilização mostrou-se inviável para a maioria dos casos concretos, uma vez que a produção dos gráficos e das curvas acabava demandando grande quantidade de material questionado e, consequentemente, grande quantidade de padrões de confronto. Se o material fosse escasso, como não raramente o é, o resultado das medições seria também pouco seguro e, consequentemente, ineficaz. Ainda, a grafometria acaba dando muita importância a elementos objetivos de ordem geral, mas ignora elementos subjetivos do grafismo.

Ademais, os elementos de grandeza de que a grafometria se vale podem ser demonstrados de maneira mais simples e com resultados superiores, não exigindo o número de medições propostos pelo método em questão.

Superadas as questões do método grafométrico, o pesquisador italiano Salvatore Ottolenghi procurou voltar às origens modernas da grafoscopia e aperfeiçoar o método morfológico de Bertillion. Assim nasceu o método **sinalético**, que consiste em analisar os elementos gráficos formais inicialmente como o método morfológico nos padrões de confronto e, em seguida, "estudar, as qualidades gerais (*'connotati'*), destacando aquelas pessoais, salientes e constantes (*'connotati personali'* e *'salienti'*), dando a algumas delas significação especial (*'i contrassegni particolari'*)" (Del Picchia Filho, 2016, p. 423).

Nesse contexto, a análise das formas é mais profunda do que no método morfológico original, já que o perito procura individualizar as formas do escritor com a atribuição de destaque para detalhes que não são comuns à morfologia da escrita considerada padrão.

Uma vez que o perito identifica, nos padrões de confronto, quais são essas formas individuais, esses sinais particulares, ele passa para a peça de exame e verifica se os sinais estão presentes ou ausentes. Se estiverem presentes, pode concluir que a escrita é autêntica; se estiverem ausentes, pode concluir que se trata de escrita falsa.

As críticas ao método passam pela incompletude de uma avaliação, que, por outro lado, serve de início do estudo dos grafismos. Del Picchia Filho (2016, p. 423) reforça esse entendimento ao afirmar que "a descrição, partindo do geral para o particular, constitui critério mais racional".

E ainda que o estudo da ordem geral para a particular nos valores formais da escrita sejam mais eficientes em detectar falsificações por imitação e por decalque do que o método morfológico original, pois alguns elementos particulares podem passar despercebidos pelo falsário, a variação da habilidade deste pode ter influência no resultado final obtido pelo perito, visto que, quanto mais habilidoso for o falsário, maior será a probabilidade de reprodução formal das características das particulares.

Por último, entre os métodos que mais se destacaram na evolução histórica da grafoscopia, o **caligráfico** merece rápida menção.

> No método caligráfico [ao contrário dos métodos morfológico e sinalético] não são apenas as formas das letras a merecerem consideração. O calígrafo preocupa-se, também, com a mecânica do traçado, isto é, sombreados, traços finos, rebarbas, empastamentos e outras anomalias. A ele, deve-se o estudo do "talhe da letra", expressão vaga e incorreta, com a qual pretendem focalizar vários e preciosos elementos que entram na composição do traço. (Del Picchia Filho, 2016, p. 423)

Ocorre que, a exemplo dos demais, o método caligráfico falha por incompletude e igualmente pode apresentar resultados incorretos dependendo da habilidade do falsário. O exemplo do célebre caso, explorado no primeiro capítulo, envolvendo as cartas atribuídas ao então candidato à presidência Arthur Bernardes é valioso para demonstrar a capacidade de alguns calígrafos de reproduzir de maneira ótima diversos elementos da escrita de um terceiro.

Esses métodos foram os antecessores do método mais utilizado na contemporaneidade, o **grafocinético**. Cada um dos anteriores, de certa forma, contribuiu para a compreensão da produção do gesto gráfico, da escrita e de seus elementos. Assim, os métodos superados tiveram seu valor, muito embora padeçam, em relação ao grafocinético, de incompletude.

Emprestamos o conceito de Del Picchia Filho (2016, p. 424), que, destacando as diferenças para os demais métodos, afirma que o método grafocinético

> resultou de estudo aprofundado do grafismo, tendo em vista não só os diversos processos de fraude gráfica, como as causas provocadoras de variações. Não se assenta em característicos isolados, como o morfológico (forma dos caracteres), o grafológico (qualidades subjetivas), o grafométrico (medições), o sinalético ("*connietati*" e "*contrasegni*"), ou o caligráfico (forma e talhe). Ao contrário, considera todos os elementos, dando-lhes valor consoante ao raciocínio pericial. E este se processará sob critério lógico, derivado do profundo estudo das diversas maneiras de produção gráfica. Por outro lado, especial consideração se emprestará aos movimentos que dão origem à escrita.

A grafocinética, portanto, é um estudo mais completo da escrita, que tem como foco principal compreender como o grafismo, o caractere, a palavra, foi gerado. É o "estudo do traço, procurando saber como foi executado, isto é, onde teve início, que sentido tomou, com que velocidade foi lançado; se houve tropeços no caminho, paradas, interrupções, dificuldades, repassadas, retoques; se recebeu ênfase de pressão, ou foi levemente pressionado" (Del Picchia Filho, 2016, p. 164).

Assim, a análise grafocinética verifica como se formam os traços e, por conseguinte, quais são os hábitos de movimentação do escritor, as ênfases e as anomalias típicas da escrita em análise para determinar se uma escrita é autêntica ou falsa. Para que essa análise seja possível, alguns elementos devem ser identificados de maneira indispensável. É o caso dos ataques e dos remates.

Cada traço, por menor que seja, tem um ponto de início, denominado *ataque*, e um ponto de término, denominado *remate*. Os ataques podem ser classificados, segundo a doutrina, de sete formas diferentes. A primeira é chamada de *ataque normal*, consistindo no toque inicial do instrumento escritor no papel, seguido de progressivo aumento de pressão. Uma variação desse primeiro lançamento, mas que apresenta alguma diferença, é o *ataque evanescente*, que também se constitui pelo progressivo aumento de pressão a partir do ponto de início, mas o ponto inicial é mais suave do que no ataque normal. O terceiro é chamado *ataque sulcado*, consistindo em um início de traço com significativa pressão e, consequentemente, com maior impregnação de tinta no suporte do que a progressão do traço. Na Figura 3.5, a seguir, mostramos o ataque da letra *S* e seu remate.

Figura 3.5 – Ataque da letra *S* e seu arremate

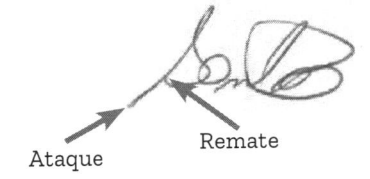

Os ataques também podem ser *ensaiados*, o que ocorre quando, antes de iniciar o traço, o escritor realiza vários movimentos no ar, chegando, às vezes, a tocar levemente no papel e marcando vários filetes, quase sempre em direção espiralada. Mas os ataques também podem ser em *ponto de repouso*. Isso significa que, antes de dar prosseguimento ao traço, o escritor para o instrumento no papel, mesmo que por uma fração de segundo, marcando o suporte e deixando vestígio do ato.

Há ataques que se assemelham a pequenas forquilhas, chamados *ataques em torção*. Semelhantes a estes, alguns ataques lembram ganchos ou semicircunferências, sendo então denominados *ataques anelados* ou *ganchosos*, apresentando aparência mais curvilínea do que os ataques em torção, normalmente mais angulares.

Os remates têm "as mesmas possibilidades dos ataques, com análogas designações, com exceção dos em fuga (redução progressiva de pressão) que passam a ser chamados 'remates desvanecentes'" (Del Picchia Filho, 2016, p. 172). A determinação dos ataques e dos remates do traço possibilitam ao técnico identificar seu sentido, que, ao variar, pode indicar que formas similares foram obtidas com movimentos opostos, evidenciando divergência significativa de gênese.

Os traços formados pelo movimento do punho escritor podem ser de vários tipos:

- ondulado – em linha sinuosa;
- espiralado – forma de espiral;
- indeciso – sem direção normal;
- oscilante – formado por pequenos traços;
- retilíneo – aspecto reto;
- curvilíneo – aspecto de curva.

Como dissemos, *grama* é o traço feito de uma só assentada, sem interrupções do movimento e ou mudança de direção por parte do escritor. Também é o nome da unidade gráfica no estudo grafocinético.

Entre os gramas, existem ligações, que são identificadas por Mendes (2015) como mais presentes na escrita cursiva do que na escrita sincopada, embora possam existir nesta como resultado de hábitos do escritor. Tais ligações podem ser em arcada ou em guirlanda quando ascendentes, e no topo ou na base quando laterais.

Além desses elementos formadores do traço, a análise grafocinética também se vale de outros elementos da escrita que podem individualizar o escritor. Entre eles, o andamento gráfico é de grande importância. Denomina-se *andamento gráfico* aquele momento de pausa na escrita natural, determinada pela paragem ou pelo levantamento do instrumento escritor do papel. Anteriormente, dissemos que os tipos de falsificação feitos por meio de cópia ou imitação, seja imitação servil, seja decalque, normalmente apresentam consideráveis divergências no andamento gráfico, fazendo com que a escrita tenha números de momentos gráficos diversos entre os padrões de confronto e a peça de exame.

Outro elemento de análise é a inclinação da escrita, que

> ora é vertical, ora se inclina para a esquerda, ora mais frequentemente, descamba para a direita. A escrita vertical é, geralmente, ensinada na escola. A escrita inclinada para a direita decorre da acomodação do papel, para mais rápido lançamento. Trata-se da inclinação mais generalizada, por isso chamada normal. A inclinação para a esquerda é menos comum. É encontrada, com mais frequência, na escrita do canhoto. Chama-se 'revertida', por contrariar a inclinação normal. (Del Picchia Filho, 2016, p. 241)

Para além da inclinação da escrita, a análise grafocinética estuda também a inclinação axial, que consiste na inclinação própria de cada letra ou grama. Essa inclinação pode ser verificada na formação de cada traço, projetando linhas retas de cada um deles. A essas linhas dá-se o nome de *eixos gramáticos*. Na Figura 3.6, a seguir, indicamos um exemplo de escrita que tem a inclinação para a direita.

Figura 3.6 – Escrita com inclinação à direita

A análise dos espaçamentos gráficos também faz parte do método grafocinético, podendo ser dividida em quatro categorias: *espaçamentos interlineares*, que se verificam entre as linhas de determinado texto; *espaçamentos intervocabulares*, que são as distâncias entre as palavras de um contexto ou de uma firma; *espaçamentos interliterais*, existentes entre as letras; e *espaçamentos intergramáticos*, existentes entre os gramas.

Outras análises de importância no contexto da grafocinética são a análise das grandezas, a exemplo do que era feito no método grafométrico, sem, no entanto, valer-se da mesma técnica de análise de resultados por meio de gráficos, e a análise dos *limitantes verbais*, que é como são denominadas as

> pequenas linhas que delimitam as bases e topos dos gramas. Nas bases estão as limitantes verbais inferiores; nos topos, as superiores [e] para traçar as limitantes, deve-se partir das bases e dos topos da primeira minúscula, desprezando-se as minúsculas. Seguem-se os traços, ligando as extremidades dos gramas, cortando-se as passantes. (Del Picchia Filho, 2016, p. 256)

Por sua vez, *passantes* são aquelas letras com traços acima ou abaixo de seu corpo. A técnica de determinação dos limites verbais ou gramaticais permite ao perito identificar alguns fenômenos de escrita, como a chamada *gladiolagem*, que consiste no fechamento progressivo dos limitantes superiores e inferiores, ou seja, na redução da calibragem das letras minúsculas com a progressão da escrita, e a *escrita filiforme*, que consiste na simplificação de letras, as quais se parecem mais com um traço retilíneo, ou um fio, fazendo com que os limites verbais superiores e inferiores praticamente se toquem.

Sobre esses temas, Del Picchia Filho (2016, p. 257-258) destaca que

> as gladiolagens podem constituir hábitos dos quais o escritor não consegue se descartar, ainda quando intente disfarçar seu grafismo. [...] [Já] o filiformismo pode aparecer no meio dos vocábulos; mais frequentemente, no entanto, consta dos finais. Os grupos "im" e "mente" são os que, com frequência, sofrem essas transformações.

Feitas essas observações, outra análise relevante diz respeito aos valores angulares e aos valores curvilíneos, caracterizados pela maior angulação ou pela presença de aspecto mais suave, em curvas, da escrita. A doutrina alerta que,

> em todos os grafismos [...], em regra, coexistem ângulos e curvas. É necessário anotar os pontos em que aparecem os ângulos e as curvas e, também se essas formações constituem, ou não, hábitos gráficos. Erros no trabalho copiativo podem ser cometidos, com formações curvilíneas ou angulares em trechos que, nas peças-padrão, se apresentam inversamente. (Del Picchia Filho, 2016, p. 258)

Todas essas análises expostas baseiam-se em características objetivas da escrita, mas a grafocinética também leva em conta aspectos subjetivos, visando aprofundar-se no gesto gráfico e, portanto, determinar com maior precisão a autoria ou a autenticidade de determinada escrita.

Entre os elementos subjetivos que devem ser observados pelo perito, o primeiro deles é o aspecto geral do grafismo, que, de forma resumida, é a fisionomia gráfica. Com isso, o perito pode concentrar a atenção aos detalhes, obedecendo à ordem do que é mais geral para o que é mais singular.

Em seguida, é preciso se ater ao elemento subjetivo da chamada *velocidade da escrita*. Dependendo da forma de escrita, com traço mais veloz ou mais moroso, determinadas características se apresentam no aspecto geral.

Quando de posse do documento original e ciente do tipo de instrumento escritor utilizado, o perito pode também analisar eventuais diferenças de pressão na escrita entre a peça de exame e os padrões de confronto. Dá-se o nome de *pressão* à força exercida em sentido vertical, no momento da escrita, sobre o suporte. Com o uso de luz rasante no verso do documento, é possível perceber se a pressão exercida é constante ou se apresenta ciclotimias e irregularidades. Por fim, entre os elementos subjetivos, é possível observar a chamada *projeção da escrita*, que "é um elemento gráfico em que se considera a direção do lançamento, juntamente com seu ritmo e velocidade" (Del Picchia Filho, 2016, p. 267).

A análise cuidadosa, meticulosa e adequada da escrita em seus diversos aspectos revela os idiografocinetismos, que são "as qualidades que transparecem na escrita de modo todo particular ao escritor. Portanto, o idiografocinetismo não passa de um movimento gráfico peculiar, que pode dar origem, também, a um feitio especial, ou não" (Del Picchia Filho, 2016, p. 269).

Embora seja possível encontrar outros elementos de análise na doutrina especializada, buscamos expor os principais ou aqueles pontos teóricos sobre os quais há consenso. A identificação de elementos caracterizadores e singularizadores da escrita, na prática, pode ganhar diversas nomenclaturas e classificações, já que as variações são ilimitadas e peculiares a cada caso concreto.

Vistos os principais elementos do método grafoscópico, no último tópico, vamos analisar questões de relevo para o diagnóstico final da falsidade gráfica, que nem sempre é tarefa fácil, mesmo com a correta observação dos métodos e de seus elementos.

3.2.1 Diagnóstico final da falsidade gráfica

Finalizadas todas as análises que o método grafocinético exige, o perito deve ser capaz de responder, no que tange às escritas presentes tanto na peça de exame quanto nos padrões de confronto, estudados separadamente, qual é a direção dos traços que compõem os gramas, ou seja, de onde partem (ataques) e para onde vão (remates); como os ataques e os remates foram executados; com que pressão os lançamentos foram executados, se constante, se variável (isso, evidentemente, se o perito dispõe dos documentos originais); com que rapidez os lançamentos foram feitos; quais suas formas e sua inclinação; se os movimentos contêm interrupções ou se são contínuos e, tendo interrupções, se são naturais da escrita ou se podem indicar cópia.

Respondidas tais questões elementares à análise grafocinética e outras que surjam em razão de peculiaridades do caso, o perito poderá dar início ao confronto dos padrões com a peça de exame e verificar se os traços característicos dos padrões estão ou não presentes no documento questionado. Em caso positivo, é muito provável que a escrita seja autêntica. Em caso negativo, o perito precisa determinar se as divergências podem ser explicadas razoavelmente por motivos involuntários da modificação do grafismo, o que resultaria também na conclusão de autenticidade da escrita, ou, ainda, determinar se as divergências não foram provocadas pelo próprio escritor, no momento do lançamento ou em momento posterior, o que levaria à conclusão de que a escrita é autêntica, mas houve a tentativa de autofalsificação ou simulação de falso.

Se, no entanto, as divergências não puderem ser explicadas de maneira razoável e convincente, o perito poderá concluir que elas indicam a falsidade da escrita.

A apresentação desses resultados também é motivo de polêmica doutrinária, tendo em vista que nem todos os autores da área concordam que o laudo deve apresentar respostas categóricas, como falsidade, autenticidade e determinação de autoria. Erick Simões da Camara e Silva lembra que, na doutrina estrangeira, é comum que autores proponham cinco diferentes níveis de resposta (Silva; Feuerharmel, 2013).

O primeiro deles seria responder se o lançamento questionado foi, de fato, escrito pelo fornecedor do padrão gráfico. Já o segundo nível sugere que o perito diga que há moderado suporte ou fundamento para afirmar que o documento questionado foi escrito pelo fornecedor do padrão gráfico, mas o grau de certeza, embora elevado, não é tão forte quanto no primeiro nível. O terceiro nível apresenta uma resposta inconclusiva, ou seja, não é possível afirmar se o lançamento questionado foi ou não produzido pelo fornecedor dos padrões de confronto. O quarto nível passa a afirmar que os achados do perito dão suporte, embora não com forte certeza, para a conclusão de que os escritos não foram lançados pelo fornecedor dos padrões analisados. Finalmente, o quinto nível é a resposta categórica de que o texto questionado não foi escrito pelo mesmo punho que produziu os padrões de confronto estudados.

A doutrina estrangeira também aponta que o Laboratório de Documentos Questionados do FBI (sigla para Federal Bureau of Investigation, ou, em português, Departamento Federal de Investigação, uma unidade de polícia do Departamento de Justiça dos Estados Unidos) utiliza semelhante critério de cinco níveis, valendo-se da identificação (quando as escritas da peça de exame e do padrão de confronto são de mesma autoria), da opinião qualificada de que pode ter sido (quando não há certeza para afirmar identificação), da resposta sem conclusão, da opinião qualificada de que pode não ter sido e, finalmente, da exclusão (quando é certo que os padrões de confronto e a peça de exame não têm a mesma autoria).

No Brasil, o mais usual é o fornecimento de respostas categóricas, embora não existam problemas em fornecer resposta inconclusivas, que são mais adequadas se há risco de fornecer respostas categóricas e equivocadas.

Diante disso, tomamos a liberdade de citar aqui alguns conselhos para peritos, os quais foram elaborados por Mendes (2015, p. 235):

> O perito deve ser cauteloso e não se deixar impressionar pelas aparências. Qualquer característica que venha a observar só poderá ser decisória depois de uma interpretação serena. Dúvidas que possam surgir devem levá-lo a discutir o assunto com um companheiro mais experimentado. As trocas de ideias entre os técnicos devem ser de rotina. É uma troca de conhecimentos e vivências. Por isso, o perito deve ter a humildade de reconhecer que outros possam ter mais conhecimentos do que ele sobra a especialidade. Só os tolos não têm dúvidas, porque julgam, na sua ignorância, que tudo sabem e que são os donos da verdade. O perito não pode ser afoito: a pressa é inimiga da perfeição. Não deve existir pressa na solução de um problema. O perito não deve ser arrojado, mas deve ter a coragem, com apoio dos elementos técnicos, de oferecer uma solução e defendê-la, pois ela constitui a materialização da verdade. O perito, finalmente, não deve ser gabola, deve conhecer a limitação dos seus conhecimentos.

Assim, é necessário muito estudo sobre o tema. É preciso trocar experiências com colegas da área, pois isso preenche lacunas em nosso saber. Cada nova análise é um aprendizado.

Síntese

Neste capítulo, abordamos a grafoscopia, que é o estudo da veracidade da assinatura ou da identificação de que duas ou mais assinaturas saíram do mesmo punho escritor. Evidenciamos os métodos utilizados para as análises da grafoscopia, assim como os elementos objetivos e subjetivos que precisam ser considerados em uma análise de escrita.

Para saber mais

DOMINGUES, A. C. A.; TELLES, V. L. C. N. **A importância da grafoscopia para a identificação de fraudes em documentos**. Disponível em: <http://revista.oswaldocruz.br/Content/pdf/Edicao_14_Domingues_Ana_Carolina_Alves_-_Telles_Virginia_Lucia_Camargo_Nardy.pdf>. Acesso em: 8 nov. 2019.

A leitura do artigo de Ana Carolina Alves Domingues e Lúcia Camargo Nardy Telles revela a importância da grafoscopia na identificação de fraudes.

FERREIRA, L. P. e. **Documentoscopia**: elementos de segurança e desafios. 26 jan. 2017. Disponível em: <http://conteudojuridico.com.br/artigo,documentoscopia-elementos-de-seguranca-e-desafios,58264.html>. Acesso em: 8 nov. 2019.

Nesse texto, você encontra alguns dos maiores desafios do estudo da documentoscopia. Confira!

SANTOS, C. R. **Análise de assinaturas manuscritas baseada nos princípios da grafoscopia**. Dissertação (Mestrado em Informática Aplicada) – Pontifícia Universidade Católica do Paraná, Curitiba, 2004. Disponível em: <https://www.ppgia.pucpr.br/pt/arquivos/mestrado/dissertacoes/2004/2004_cesar_roberto_santos.pdf>. Acesso em: 8 nov. 2019.

Com a leitura da dissertação indicada, você pode aprofundar seus conhecimentos sobre os princípios da grafoscopia.

Questões para revisão

1. Analise as afirmativas a seguir e indique V para as verdadeiras e F para as falsas.
   ( ) Para identificar eventuais falsificações ou mesmo escritas autênticas, o perito pode valer-se de elementos formais da escrita, tanto objetivos quanto subjetivos.
   ( ) No que tange aos elementos objetivos da escrita, o perito deve avaliar o calibre dos grafos, a inclinação axial, tanto dos gramas quanto da escrita, os espaçamentos gráficos e o andamento gráfico.
   ( ) Os elementos subjetivos não podem ser demonstrados, mas devem ser sentidos pelo examinador.

   Agora, assinale a alternativa que apresenta a sequência correta:
   a) V, V, V.
   b) V, V, F.
   c) V, F, F.
   d) V, F, V.
   e) F, F, V.

2. Assinale a alternativa que **não** indica uma forma de falsificação gráfica:
   a) Sem imitação.
   b) De memória.
   c) Imitação por colagem.
   d) Imitação servil.
   e) Imitação livre ou exercitada.

3. Assinale a alternativa que **não** é uma forma de ataque:
   a) Normal.
   b) Sulcado.
   c) Gancho.
   d) Emitado.
   e) Colchete.

4. De um exemplo de elemento objetivo na grafoscopia.

5. Dê um exemplo de elemento subjetivo na grafoscopia.

Questão para reflexão

1. As chamadas *falsificações de memória* são aquelas executadas com o auxílio exclusivo da memória, por quem já viu, anteriormente, determinada assinatura ou escrita autêntica. É muito difícil para uma pessoa conseguir executar com perfeição esse tipo de falsificação. Feche os olhos e tente lembrar de uma assinatura de alguém de sua família. Escreva a assinatura em uma folha de papel. Depois, compare a sua escrita com a assinatura da pessoa.

PARTE 2
FRAUDES CONTÁBEIS

É necessária uma mudança, de cultura, de ideias, de ações para que todos sofram menos, percam menos, tornem-se mais éticos, justos e melhores como seres humanos.
Enquanto concluía as últimas linhas deste livro, os jornais traziam a notícia da quebra da barragem de Brumadinho. Mais um crime que nos assusta e nos assola. Até quando a ganância vai levar à fraude e a fraude vai levar a crimes que não são só financeiros, mas contra a vida, contra a natureza, contra a humanidade?

Vanya Trevisan Marcon Heimoski

FRAUDE, ERRO E LEIS

Conteúdos do capítulo:
- Fraude não é erro.
- Fraude contábil.
- O que diz a lei brasileira.

Após o estudo deste capítulo, você será capaz de:
1. diferenciar fraude e erro;
2. entender como ocorre, onde ocorre e quais são os facilitadores da fraude;
3. reconhecer como a legislação brasileira estabelece regras e punições sobre fraude contábil.

4.1 Fraude não é erro

Se fraude não é erro, então, o que é fraude? *Fraude* é um ato cometido no intuito de levar vantagem, lesar ou enganar alguém. A fraude é o tema deste capítulo, em que explicaremos as diferenças entre fraude e erro para, em seguida, conceituarmos a fraude contábil.

Fraude e erro apresentam características distintas. O erro é um ato cometido por um indivíduo que, acreditando conhecer determinado assunto, age de forma equivocada.

Esclarecendo um pouco mais sobre *erro*, a filosofia o define como o ato pelo qual o espírito julga verdadeiro o que é falso e reciprocamente. Já no âmbito do direito, o erro é tratado no Código Civil da seguinte forma:

> Art. 138. São anuláveis os negócios jurídicos, quando as declarações de vontade emanarem de erro substancial que poderia ser percebido por pessoa de diligência normal, em face das circunstâncias do negócio.
>
> Art. 139. O erro é substancial quando:
>
> I – interessa à natureza do negócio, ao objeto principal da declaração, ou a alguma das qualidades a ele essenciais;
>
> II – concerne à identidade ou à qualidade essencial da pessoa a quem se refira a declaração de vontade, desde que tenha influído nesta de modo relevante;
>
> III – sendo de direito e não implicando recusa à aplicação da lei, for o motivo único ou principal do negócio jurídico.
>
> Art. 140. O falso motivo só vicia a declaração de vontade quando expresso como razão determinante.
>
> Art. 141. A transmissão errônea da vontade por meios interpostos é anulável nos mesmos casos em que o é a declaração direta.
>
> Art. 142. O erro de indicação da pessoa ou da coisa, a que se referir a declaração de vontade, não viciará o negócio quando, por seu

contexto e pelas circunstâncias, se puder identificar a coisa ou pessoa cogitada.

Art. 143. O erro de cálculo apenas autoriza a retificação da declaração de vontade.

Art. 144. O erro não prejudica a validade do negócio jurídico quando a pessoa, a quem a manifestação de vontade se dirige, se oferecer para executá-la na conformidade da vontade real do manifestante. (Brasil, 2002)

Podemos notar que o direito concebe o erro como uma falha que pode ser corrigida, anulada e verificada a tempo, inclusive, a legislação estabelece como reconhecer o erro, como declará-lo e como providenciar que ele seja sanado.

É importante destacar que o ignorante age sem conhecimento do assunto, errando. Dessa forma, o erro pode ser ocasionado por conhecimento equivocado ou por ignorância.

Pensando nesse sentido, de que ninguém pretende deliberadamente errar, mas que isso pode acontecer e espera-se a correção imediata do erro para que não prejudique ninguém, torna-se relevante conhecer o que estabelece o Código Penal brasileiro sobre o erro.

O Decreto-Lei n. 2.848, de 7 de dezembro de 1940 (Brasil, 1940), dispõe, em seus arts. 18 a 21, sobre os crimes doloso e culposo, bem como traz disciplina sobre o erro, que, dependendo das circunstâncias, pode ser interpretado como crime culposo:

Art. 18. Diz-se o crime:

Crime doloso

I – doloso, quando o agente quis o resultado ou assumiu o risco de produzi-lo;

Crime culposo

II – quando o agente deu causa ao resultado por imprudência, negligência ou imperícia.

Parágrafo único. salvo os casos expressos em lei, ninguém pode ser punido por fato previsto como crime, senão quando o pratica dolosamente.

Agravação pelo resultado

Art. 19. Pelo resultado que agrava especialmente a pena, só responde o agente que o houver causado ao menos culposamente.

Art. 20. O erro sobre elemento constitutivo do tipo legal de crime exclui o dolo, mas permite a punição por crime culposo, se previsto em lei.

Descriminantes putativas

§ 1º É isento de pena quem, por erro plenamente justificado pelas circunstâncias, supõe situação de fato que, se existisse, tornaria a ação legítima. Não há isenção de pena quando o erro deriva de culpa e o fato é punível como crime culposo.

Erro determinado por terceiro

§ 2º Responde pelo crime o terceiro que determina o erro.

Erro sobre a pessoa

§ 3º O erro quanto à pessoa contra a qual o crime é praticado não isenta de pena. Não se consideram, neste caso, as condições ou qualidade da vítima, senão as da pessoa contra quem o agente queria praticar o crime.

Erro sobre a ilicitude do fato

Art. 21. O desconhecimento da lei é inescusável. O erro sobre a ilicitude do fato, se inevitável, isenta de pena; se evitável, poderá diminuí-la de um sexto a um terço.

Parágrafo único. Considera-se evitável o erro se o agente atua ou se omite sem consciência da ilicitude do fato, quando lhe era possível, nas circunstâncias ter ou atingir essa consciência. (Brasil, 1940, grifo do original)

É preciso conhecer a lei, evitar os erros incidentais e, sempre que possível, corrigir o problema ou o dano causado pelo erro. Pelo menos é isso que se espera das pessoas que cometem um erro não intencional.

Erro é sempre um ilícito, ou seja, um ato proibido por lei e, quando qualificado como culposo, tem origem na negligência, na imperícia, na imprudência e na desídia.

A negligência ocorre quando o indivíduo conhece o procedimento correto, mas não o pratica; imperícia é a incapacidade para desenvolver a tarefa; imprudência é a ausência de cuidado; e desídia é preguiça e inércia.

Segundo Sá e Hoog (2017), tanto o erro quanto a fraude causam danos e perdas na contabilidade, com a diferença de que, no caso de fraude, existe o agravante do dolo e, no caso do erro, o atenuante da culpa, resultando em uma pena mínima para o erro e em uma pena máxima para a fraude. O erro pode ser proposital e, se não descoberto, pode incentivar a fraude.

Nessa linha, o **erro contábil** pode ser entendido como um ato não intencional, cometido por ação ou omissão na elaboração de registros e demonstrações contábeis, que resulte na incorreção destes. Vejamos, por exemplo, as seguintes situações:

- supressão ou omissão de transações nos registros contábeis;
- registro de transações sem comprovação;
- aplicação de práticas contábeis indevidas;
- erros aritméticos na escrituração contábil ou nas demonstrações contábeis;
- aplicação incorreta de normas contábeis;
- interpretação errada das variações patrimoniais.

É possível concluir que a diferença principal entre fraude e erro está na intenção ou não de cometer o ato. O Conselho Federal de Contabilidade (CFC), em sua NBT n. 1 (Resolução n. 986, de 21 de novembro de 2003), apresenta a seguinte diferenciação entre **erro** e **fraude**:

12.1.3.2 – O termo "fraude" aplica-se a ato intencional de omissão e/ou manipulação de transações e operações, adulteração de documentos, registros, relatórios, informações e demonstrações contábeis, tanto em termos físicos quanto monetários.

12.1.3.3 – O termo "erro" aplica-se a ato não intencional de omissão, desatenção, desconhecimento ou má interpretação de fatos na elaboração de registros, informações e demonstrações contábeis, bem como de transações e operações da entidade, tanto em termos físicos quanto monetários. (CFC, 2003)

O fraudador, portanto, age com o intuito de lesar terceiro e obter proveito para si. O erro, por outro lado, na maioria das vezes, não é intencional.

4.2 Fraude contábil

As fraudes contábeis podem ser cometidas contra empresas e instituições por seu pessoal (funcionários, colaboradores, gestores), contra o governo ou contra o mercado, por exemplo, por pessoas jurídicas ou físicas.

Vamos tratar do exemplo da fraude fiscal praticada pelo contador nos crimes de evasão fiscal, ou seja, um ato doloso contra a ordem tributária e econômica e contra as relações de consumo. O crime está tipificado na Lei n. 8.137, de 27 de dezembro de 1990: evasão fiscal é o ato de não pagar impostos (Brasil, 1990b).

Existem vários fatores que levam o fraudador a cometer o ato. Esses fatores podem ser explicados pela coexistência de três **elementos primários**, segundo Rocha Júnior e Gizzi (2018): a existência de golpistas motivados, a disponibilidade de vítimas adequadas e vulneráveis e a ausência de regras ou controladores eficazes.

Supostamente, a existência de golpistas motivados decorre de várias razões, entre elas: as classes menos favorecidas não têm alternativas; ineficiência das leis; incerteza de aplicação de pena; incerteza jurídica; sistema financeiro evoluído; várias oportunidades para cometer fraude; pouca fiscalização e organização das autoridades; e o desrespeito às leis ainda é considerado um comportamento comum (Rocha Júnior; Gizzi, 2018).

A disponibilidade de vítimas adequadas e vulneráveis existe principalmente em virtude do desconhecimento sobre as leis e sua aplicação (tendo em vista a pouca divulgação), bem como em razão da ingenuidade ou da ganância das pessoas, entre outros.

Por sua vez, a ausência de regras ou controles eficazes está ligada à falta de percepção da importância do problema que se cria ao fraudar, por efeito do despreparo das equipes policiais, da falta de coordenação em nível nacional de investigações sobre fraudes e fraudadores, da ausência de organismos específicos para tais atividades investigativas etc.

Rocha Júnior e Gizzi (2018) seguem o estudo com a apresentação do segundo conjunto de fatores, ou seja, os **fatores secundários**, sendo eles:

- ganância e vontade de fazer dinheiro fácil;
- ignorância;
- suscetibilidade pelo ilegal ou pelo proibido, pelo misterioso ou pelo exclusivo;
- irracionalidade e tendência a negar as evidências;
- ingenuidade;
- necessidade;
- outras pressões ou urgências.

Por fim, destacam o **terceiro conjunto de fatores** que propiciam as fraudes:

- reciprocidade – fazer um favor em troca de outro;
- escassez de tempo – pressão sobre a vítima para que decida rapidamente sob pena de perder a oportunidade;

- autoridade – intimamente ligada à questão do poder;
- fixação em fantasias – a vítima concentra a atenção apenas nos benefícios de um negócio e não vê os riscos;
- prova social – a vítima é convencida de que o negócio já foi realizado por muitas empresas ou pessoas;
- simpatia – o fraudador deixa a vítima à vontade e tenta criar um ambiente de amizade, e não de negócio;
- terceirização de credibilidade – convencer alguém de prestígio a fazer propaganda do negócio, sem aplicar nele o golpe;
- autenticação por associação – tornar autêntico algo que é falso, utilizando elementos confiáveis em conjunto com o elemento falso, para que pareça verdadeiro também;
- envolvimento da vítima por etapas sucessivas – a fim de evitar que as vítimas desistam durante um golpe; a técnica é levá-la a fazer sucessivos investimentos em tempo, ações, contatos, viagens, dinheiro, imagem, referências, comprometimento, entre outros.

Após o estudo dos motivadores para fraude, vamos apresentar a coparticipação na fraude, denominada *conluio*.

4.2.1 Conluio

Nas empresas, é comum que as fraudes tenham como responsáveis, direta ou indiretamente, aqueles que falharam ou negligenciaram no controle e na supervisão. Um presidente, gerente ou diretor que quase nunca estão presentes na empresa e, por isso, não controlam as atividades pode ser considerado um indicativo de conivência com as atividades ilícitas, pois tornam o ambiente favorável a elas em razão de sua passividade e de sua suposta distração.

Nas escolas de contabilidade, existe o entendimento de que muitas fraudes acontecem em razão de conivência ativa e passiva, levando muitas autoridades a cometer as maiores fraudes. A dita conivência é também conhecida como *conluio*. Fraudes expressivas ocorrem quando um grupo de pessoas se une para esse fim.

A pessoa detentora de autoridade, de poder de decisão, por ter mais fácil acesso a determinadas informações, pode vir a cometer fraudes. Não afirmamos aqui que toda pessoa com nível hierárquico alto cometerá algum crime, mas apenas concluímos que há mais facilidade de acesso aos mecanismos para cometer atos de fraudulentos, assim como também ocorre com aqueles profissionais ditos de confiança.

Os envolvimentos são combinados no conluio com pessoas que tenham autoridade suficiente para facilitar o ato, para convencer pessoas e para oferecer vantagens e benefícios aos participantes. Existem estudos que indicam que o acúmulo de funções na empresa também pode facilitar as fraudes. Citamos o exemplo da conta contábil Contas a Receber, que pode envolver o funcionário do caixa, o correntista e o cobrador, ou uma fraude em compras, que exige a participação do comprador e do vendedor.

A figura do conluio consta na Lei n. 4.502, de 30 de novembro de 1964, em seu art. 563, como: "ajuste doloso entre duas ou mais pessoas, naturais ou jurídicas, visando a qualquer dos efeitos referidos nos arts. 561 e 562" (Brasil, 1964).

4.2.2 Locais das fraudes contábeis

De acordo com Sá e Hoog (2017), podemos encontrar fraudes em documentos, títulos de crédito e cheques, bens de uso, mercadorias, balanços, prestações de contas, livros contábeis Diário e Razão, demonstrações contábeis diversas, declarações de fisco, contratos, correspondências e mesmo em arquivos digitais.

As fraudes podem ser de essência (ou conteúdo) ou de forma, podendo derivar de diversos motivos. No Quadro 4.1, apresentamos um resumo de motivos que podem levar a fraudes:

Quadro 4.1 – Motivos que causam as fraudes

Falsa intitulação	Para confundir a interpretação ou ocultar o fato contábil, o fraudador usa um título inadequado para uma conta.
Falsa classificação	O lançamento contábil é feito em conta errada com o propósito de prejudicar terceiros.
Falsa avaliação	Registrar valor menor ou maior, que não corresponde à realidade.
Falso histórico	Descrever ou identificar falsamente um fato contábil registrado.
Falsa apuração	Obter resultado de lucro ou perda de modo propositadamente.
Falso transporte	Transcrever dados erroneamente por ocasião do transporte de um exercício ou para mudança de folha.
Falso cálculo	Errar propositadamente cálculos com a finalidade de produzir prejuízos.
Falsa comprovação	Efetuar um registro contábil com base em documento falso ou adulterado.
Duplo lançamento	Repetir um registro contábil.
Lançamento omisso	Excluir um registro para encobrir um dolo.
Lançamento parcial	Registrar apenas parte de um lançamento.
Lançamento intempestivo	Registrar fora da época correta visando obter outros resultados.
Falsa evidência	Excluir ou incluir bens na escrita contábil com a finalidade de alterar resultados.
Intromissões em computadores	Apropriar-se de senhas e invadir os registros contábeis para fraudá-los.

Fonte: Elaborado com base em Sá; Hoog, 2017.

Tais tipos de fraudes podem ser colocados em prática, por exemplo, em:

- documentos, títulos de crédito e cheques;
- bens de uso;
- mercadorias;
- balanços;
- prestação de contas;
- livros Diário e Razão;
- boletins e fichas de controle;
- livros auxiliares;
- demonstrações contábeis;
- extratos de contas;
- declarações;
- contratos e correspondências;
- arquivos magnéticos etc.

Cabe às empresas constituírem mecanismos que inibam ou cessem as oportunidades e os manejos das fraudes.

4.3 Leis brasileiras

Não é possível ignorar as leis, conforme determina o Decreto-Lei n. 4.657, de 4 de dezembro de 1942:

> Art. 3º Ninguém se escusa de cumprir a lei, alegando que não a conhece.
> Art. 4º Quando a lei for omissa, o juiz decidirá o caso de acordo com a analogia, os costumes e os princípios gerais de direito.
> Art. 5º Na aplicação da lei, o juiz atenderá aos fins sociais a que ela se dirige e às exigências do bem comum. (Brasil, 1942).

Com relação às fraudes, as leis brasileiras são várias e foram sendo criadas ao longo dos anos com a finalidade de adaptar-se às constantes mudanças nos métodos utilizados pelos falsários, que costumam aprimorar seu crime.

Para compreender as leis e o sistema jurídico brasileiro, citamos o importante trabalho de Rocha Junior e Gizzi (2018). Os autores separam os tipos de fraudes corporativas em criminalizadas e não criminalizadas pelo sistema jurídico brasileiro.

Os crimes cometidos no âmbito das fraudes corporativas são amplos e extensos, o que demandaria o desenvolvimento de uma obra específica para cada um. Por ser um assunto bastante abrangente, não será objeto de análise desta obra. Deixamos para você, leitor, o aprofundamento do estudo a respeito do tema.

4.3.1 Apropriação indébita

Entende-se como *apropriação indébita* o crime previsto no art. 168 do Código Penal brasileiro, que consiste no apoderamento de coisa alheia móvel, sem o consentimento do proprietário (Brasil, 1940). O criminoso recebe o bem por empréstimo ou em confiança e passa a agir como se dele fosse o dono.

Nessa esteira, trazemos o exemplo da apropriação de ativos físicos das empresas, da apropriação de valores dos fundos das empresas e das fraudes financeiras internas, que são os mais comuns. A pena para esse tipo de fraude é de reclusão de um a quatro anos e multa.

4.3.2 Estelionato

O estelionato é a segunda causa mais frequente de fraude corporativa. Está definido no art. 171 do Código Penal como: "Obter, para si ou para outrem, vantagem ilícita, em prejuízo alheio, induzindo ou mantendo alguém em erro, mediante artifício, ardil, ou qualquer outro meio fraudulento" (Brasil, 1940).

Rocha Junior e Gizzi (2018) mencionam alguns exemplos dessas práticas, como a ocorrência de adulterações das especificações de produtos a serem entregues pelos fornecedores. Recentemente no Brasil, houve casos desse tipo, a exemplo da Operação Carne Fraca*, em 2017, e da Operação Leite Compensado**, que teve início em 2013 e se encontra em sua 12ª fase.

4.3.3 Furto e invasão de dispositivo informático

Nos últimos anos, houve um crescimento expressivo dos crimes de furto e de invasão de dispositivo informático. As empresas geralmente são vítimas de furto de IP e de informações.

Nesse sentido, informações físicas (papéis e documentos) ou de conteúdo registrado em computador ou na internet e pertencente à empresa são apropriadas indevidamente para copiar produtos ou executar vendas como se fosse a empresa, entre outros tipos de fraudes.

Foi necessário aprimorar a legislação para abranger os novos casos de fraudes. A Lei n. 12.737, de 30 de novembro de 2012 (Brasil, 2012b), que alterou o Código Penal, art. 154-A, estabelece a regra penal para o caso de invasão de dispositivo informático:

> Art. 154-A. Invadir dispositivo informático alheio, conectado ou não à rede de computadores, mediante violação indevida de mecanismo de segurança e com o fim de obter, adulterar ou destruir

---

* A Operação Carne Fraca foi deflagrada pela Polícia Federal em 17 de março de 2017. Está em sua 5ª fase, chamada de *Trapaça*. A fraude iniciou com a adulteração das carnes nos frigoríficos a fim de aumentar a validade do produto, mascarando-o com componentes químicos nocivos à saúde.

** Na Operação Leite Compensado, várias empresas são acusadas de adulterar leite e laticínios com a comercialização de produto impróprio para o consumo. As empresas utilizam produtos para "rejuvenescer" e tornar próprios ao consumo alimentos que já não poderiam mais ser consumidos.

dados ou informações sem autorização expressa ou tácita do titular do dispositivo ou instalar vulnerabilidades para obter vantagem ilícita: Vigência Pena – detenção, de 3 (três) meses a 1 (um) ano, e multa.

§ 1º Na mesma pena incorre quem produz, oferece, distribui, vende ou difunde dispositivo ou programa de computador com o intuito de permitir a prática da conduta definida no caput.

§ 2º Aumenta-se a pena de um sexto a um terço se da invasão resulta prejuízo econômico.

§ 3º Se da invasão resultar a obtenção de conteúdo de comunicações eletrônicas privadas, segredos comerciais ou industriais, informações sigilosas, assim definidas em lei. (Brasil, 2012b)

Imagine, por exemplo, o caso de uma empresa que teve os dados sigilosos de uma grande campanha de vendas vazados ao concorrente por fraude de um funcionário. Nessa hipóstese, dados financeiros e contábeis que tiveram seu sigilo perdido podem causar prejuízos para a companhia.

4.3.4 Corrupção ativa

Outra espécie de fraude que chama a atenção pelo número crescente de casos é a corrupção ativa. O art. 333 do Código Penal prevê: "Oferecer ou prometer vantagem indevida a funcionário público, para determiná-lo a praticar, omitir ou retardar ato de ofício. Pena de 2 (dois) a 12 (doze) anos e multa" (Brasil, 1940).

A Operação Ararath, da Polícia Federal, é um exemplo recente desse tipo de fraude. Ela foi deflagrada para investigar uma denúncia apresentada sobre um suposto esquema de lavagem de dinheiro e crimes financeiros no Estado do Mato Grosso, envolvendo o então governador no período de 2003 a 2010. O esquema teria acontecido por meio de empréstimos fraudulentos e de empresas de fachada, que, mesmo falsas, necessitavam de contabilidade e de contador responsável.

4.3.5 Lavagem de dinheiro

Lavagem de dinheiro é uma expressão já incorporada ao uso popular. Apesar disso, poucas pessoas sabem exatamente o que ela significa.

> As empresas acabam se envolvendo e sendo envolvidas em estratégias de lavagem de dinheiro, o que ocorre basicamente, de duas formas: elas se utilizam dos vários mecanismos da lavagem de dinheiro para branquear capitais obtidos por meios ilícitos; ou acabam sendo utilizadas como uma das engrenagens que fazem o dinheiro sujo ser reinserido no mercado formal. (Rocha Júnior; Gizzi, 2018)

Para exemplificar, mais uma operação da Polícia Federal pode ser mencionada. A Operação Trilho 5x foi deflagrada com o objetivo de aprofundar as investigações do crime de lavagem de dinheiro ligado a pagamentos de propinas e a desvios de recursos públicos nas obras da ferrovia Norte-Sul, em Goiás e no Distrito Federal.

Os fraudadores utilizaram diversos meios para lavar o dinheiro sujo, obtido de forma irregular e ilícita, sendo uma delas o caixa 2 (ou contabilidade paralela).

Para tentar coibir esse crime, atualmente tão famoso, a Lei n. 9.613, de 3 de março de 1998, determina: "ocultar ou dissimular a natureza, origem, localização, disposição, movimentação ou propriedade de bens, direitos ou valores provenientes, direta ou indiretamente, de infração penal. Pena: reclusão de 3 (três) a 10 (dez) anos e multa" (Brasil, 1998).

4.3.6 Concorrência desleal

A concorrência desleal é um tipo de fraude contábil que configura crime. O art. 195 da Lei n. 9.613/1988 foi bastante abrangente para esclarecer todas as hipóteses da ocorrência do crime de concorrência desleal, sem, contudo, interferir na liberdade de concorrência:

Art. 195. Comete crime de concorrência desleal quem:

I – pública, por qualquer meio, falsa afirmação, em detrimento de concorrente, com o fim de obter vantagem;

II – presta ou divulga, acerca de concorrente, falsa informação, com o fim de obter vantagem;

III – emprega meio fraudulento, para desviar, em proveito próprio ou alheio, clientela de outrem;

IV – usa expressão ou sinal de propaganda alheio, ou os imita, de modo a criar confusão entre os produtos ou estabelecimentos;

V – usa, indevidamente, nome comercial, título de estabelecimento ou insígnia alheios ou vende, expõe ou oferece à venda ou tem em estoque produto com essas referências;

VI – substitui, pelo seu próprio nome ou razão social, em produto de outrem, o nome ou razão social deste, sem o seu consentimento;

VII – atribui-se, como meio de propaganda, recompensa ou distinção que não obteve;

VIII – vende ou expõe ou oferece à venda, em recipiente ou invólucro de outrem, produto adulterado ou falsificado, ou dele se utiliza para negociar com produto da mesma espécie, embora não adulterado ou falsificado, se o fato não constitui crime mais grave;

IX – dá ou promete dinheiro ou outra utilidade a empregado de concorrente, para que o empregado, faltando ao dever do emprego, lhe proporcione vantagem;

X – recebe dinheiro ou outra utilidade, ou aceita promessa de paga ou recompensa, para, faltando ao dever de empregado, proporcionar vantagem a concorrente do empregador;

XI – divulga, explora ou utiliza-se, sem autorização, de conhecimentos, informações ou dados confidenciais, utilizáveis na indústria, comércio ou prestação de serviços, excluídos aqueles que sejam de conhecimento público ou que sejam evidentes para um técnico no assunto, a que teve acesso mediante relação contratual ou empregatícia, mesmo após o término do contrato;

XII – divulga, explora ou utiliza-se, sem autorização, de conhecimentos ou informações a que se refere o inciso anterior, obtidos por meios ilícitos ou a que teve acesso mediante fraude; ou

XIII – vende, expõe ou oferece à venda produto, declarando ser objeto de patente depositada, ou concedida, ou de desenho industrial registrado, que não o seja, ou menciona-o, em anúncio ou papel comercial, como depositado ou patenteado, ou registrado, sem o ser;

XIV – divulga, explora ou utiliza-se, sem autorização, de resultados de testes ou outros dados não divulgados, cuja elaboração envolva esforço considerável e que tenham sido apresentados a entidades governamentais como condição para aprovar a comercialização de produtos.

Pena – detenção, de 3 (três) meses a 1 (um) ano, ou multa.

§ 1º Inclui-se nas hipóteses a que se referem os incisos XI e XII o empregador, sócio ou administrador da empresa, que incorrer nas tipificações estabelecidas nos mencionados dispositivos.

§ 2º O disposto no inciso XIV não se aplica quanto à divulgação por órgão governamental competente para autorizar a comercialização de produto, quando necessário para proteger o público. (Brasil, 1998)

Para controle e acompanhamento de possíveis incidências da lei, a Secretaria de Acompanhamento Econômico (Seae) age como um dos agentes do Sistema Brasileiro de Defesa da Concorrência (SBDC), integrado, também, pela Secretaria de Direito Econômico do Ministério da Justiça (SDE) e pelo Conselho Administrativo de Defesa Econômica (Cade).

O objetivo do SBDC é a aplicação da Lei n. 8.884, de 11 de junho de 1994 (Lei de Defesa da Concorrência – Brasil, 1994) e a promoção de uma economia competitiva, por meio da prevenção e da repressão de ações que possam limitar ou prejudicar a concorrência.

A Seae e a SDE são os órgãos encarregados da instrução dos processos, ao passo que o Cade é a instância judicante administrativa. As decisões do Cade não comportam revisão no âmbito do Poder Executivo, podendo ser revistas apenas pelo Poder Judiciário (Brasil, 2016).

Um exemplo do tipo de fraude combatido por tais órgãos foi a condenação de uma grande rede de supermercados por concorrência desleal contra pequena empresa gaúcha. A veiculação de uma propaganda comparativa da rede de supermercado, relacionando concorrentes de notória inferioridade econômica, caracterizou concorrência desleal. O caso envolvia a identificação de preços do concorrente para, posteriormente, anunciar na grande rede valores inferiores, apontando, inclusive, os preços praticados no mercado menor. O relator do recurso, Desembargador Leo Lima, avaliou ter havido abuso de poder econômico, com infração à ordem econômica e à livre-concorrência (Silva, 2007).

Outro caso de concorrência desleal que vale ser mencionado foi a invasão do banco de dados de uma empresa contratada para obter informações pessoais dos clientes da empresa contratante. A empresa vítima da ação mantinha um *site* cujo principal atrativo eram os anúncios de compra e venda de veículos disponibilizados em suas páginas eletrônicas. Para acesso aos anúncios, era solicitado um cadastro por parte do potencial cliente. A empresa ré, prestadora de serviços da empresa autora, acessava regularmente a página da autora da ação para adquirir tais dados e usá-los em outras situações. Apesar de alegar que não houve quebra de senha, motivo pelo qual não se poderia falar em invasão ao *site*, a empresa ré foi considerada culpada de concorrência desleal, tendo em vista a utilização indevida de dados cadastrais de clientes da autora, prejudicando sua imagem comercial e financeira, com o aliciamento dos clientes (TJDFT, 2012).

4.4 Fraudes por desobediência às normas regulamentares e de *compliance*

Entre as fraudes ainda não criminalizadas pelo sistema jurídico brasileiro estão o conflito de interesses e a desobediência às normas regulamentares e de *compliance*, as quais, segundo Rocha Junior e Gizzi (2018), são tão importantes quanto as mencionadas neste capítulo, mas que não tiveram a atenção devida pelos legisladores.

O conflito de interesses no exercício de cargo ou emprego do Poder Executivo federal é definido com base na Lei n. 12.813, de 16 de maio de 2013 (Brasil, 2013a). Um caso que pode ser examinado como exemplo é o de um diretor-executivo do Citibank, que, após 20 anos de trabalho, foi afastado da empresa por ter contratado sem licitação uma consultoria financeira onde sua filha trabalha, indicando flagrante conflito de interesses (Os conflitos..., 2017).

A desobediência às normas regulamentares e de *compliance* pode dar ensejo a grandes casos de fraudes. No entanto, para obedecê-las, é necessário conhecê-las. Ultimamente, isso é tarefa difícil. Para a abertura de um pequeno negócio, por exemplo, é preciso entender normas e processos burocráticos, que vão desde dados sobre segurança do trabalho até licenças ambientais. Por isso, é fundamental, muitas vezes, o assessoramento específico para que não haja desobediência e fraude, ainda que involuntárias.

O *compliance*, por sua vez, é um termo originário na língua inglesa e deriva da palavra *comply*, que significa agir em concordância com as leis, os regulamentos e as ordens. Na lei brasileira, *compliance* significa integridade. Nesse sentido, é preciso seguir as normas de *compliance* da empresa, respeitá-las e aplicar procedimentos internos e externos que evitem fraudes (Rocha Júnior; Gizzi, 2018).

A Lei n. 12.846, de 1º de agosto de 2013, em seu art. 7º, prevê que será levada em consideração, na hipótese de penalização de empresa flagrada em ato de corrupção, "a existência de mecanismos e procedimentos internos de integridade, auditoria e incentivo à denúncia de irregularidades e a aplicação efetiva de códigos de ética e de conduta no âmbito da pessoa jurídica" (Brasil, 2013b). A respeito do *compliance*, é importante nos determos de modo mais aprofundado no assunto.

4.4.1 Compliance

Compliance, de acordo com a Lei n. 12.846/2013, art. 7º, inc. VIII, quer dizer agir com integridade (Brasil, 2013b). Os nove pilares do programa de *compliance*, segundo Sibille e Serpa (2019), são:

- suporte da alta administração da empresa;
- mapeamento e análise de riscos;
- código de conduta e políticas de *compliance*;
- políticas e controles internos;
- comunicação e treinamento;
- canal de denúncias;
- investigação e reporte;
- monitoramento, auditoria e revisão periódica;
- *due diligence* de terceiros.

Vamos tratar rapidamente sobre cada um dos pilares ora destacados.

Com relação ao suporte da alta administração da empresa, para uma aplicação correta do programa de *compliance*, é necessário que os gestores e diretores estejam engajados, motivados e apoiem totalmente as fases de planejamento, de implantação e de execução do programa.

Para o mapeamento e a análise de riscos, deve haver a avaliação de riscos, ou *Compliance Risk Assessment* (CRA), que é a etapa mais importante, pois, por meio dela, os riscos potenciais e seus impactos são conhecidos e valorados.

A respeito do código de conduta e políticas, é importante compreender que a conduta ética visa manter um ambiente em que todos os colaboradores ajam de acordo com a cultura da companhia e respeitem seus valores e sua missão.

Partindo do princípio de que os registros contábeis e financeiros devem refletir a realidade da empresa, as políticas e os controles internos visam criar mecanismos que reduzam os riscos de fraudes.

O investimento em treinamento de pessoal da empresa também é de suma relevância para que todos compreendam os objetivos que estão sendo buscados no programa. A comunicação interna é fator importante e deve ser revista e aprimorada sempre que possível e necessário.

O canal de denúncias serve para permitir e facilitar aos colaboradores os meios de denunciar possíveis violações ao código de conduta da empresa. Para isso, é preciso dispor de *e-mails*, telefones e outras formas de comunicação e deixá-las à disposição de todos os colaboradores.

Recebida a denúncia, ela deve ser levada ao conhecimento dos gestores e analisada, buscando-se proceder à correção do problema, bem como dar uma resposta adequada a quem denunciou.

O monitoramento, a auditoria e a revisão periódica visam à manutenção do programa. O monitoramento deve ser contínuo, com avaliações periódicas e executado por pessoal capacitado e comprometido com as normas da empresa, a fim de verificar o funcionamento do programa e apresentar seus resultados a todos.

Due diligence, por fim, é uma terminologia utilizada habitualmente no âmbito de aquisições corporativas para se referir ao processo de busca de informação sobre uma empresa. A análise inclui aspectos como área de atividade, possibilidades e perspectivas para o futuro do negócio e estado de seus ativos e passivos (Mena, 2017). Estabelecer contratos com clientes e fornecedores é uma prática que assegura o bom andamento dos negócios.

Síntese

Neste capítulo, apresentamos a diferença entre fraude e erro e os motivos que levam as empresas e as pessoas físicas a cometer tais ilícitos. Também tratamos de fraudes corporativas e dos fatores que propiciam sua execução.

Abordamos, por fim, alguns motivos ensejadores das fraudes corporativas e as penas a serem aplicadas no caso de condenação pelos crimes de fraude: conluio, estelionato, apropriação indébita, concorrência desleal, corrupção ativa, roubo e invasão de dispositivo informático e lavagem de dinheiro.

Para saber mais

IBGC – Instituto Brasileiro de Governança Corporativa. **Código das melhores práticas de governança corporativa**. 5. ed. 2018. Disponível em: <https://conhecimento.ibgc.org.br/Paginas/Publicacao.aspx?PubId=21138>. Acesso em: 8 nov. 2019.

O código apresenta uma série de medidas a serem adotadas pelas empresas com vistas a coibir atos ilícitos e obter uma fiscalização e uma atuação adequadas e éticas.

O MAGO das mentiras. Direção: Barry Levinson. EUA: HBO, 2017. 133 min.

O filme conta a história de Bernard Madoff, um investidor de sucesso que conseguiu atrair a sociedade nova-iorquina da época para confiar a ele suas fortunas com a promessa de grandes retornos.

Questões para revisão

1. Analise as afirmativas a seguir e indique V para as verdadeiras e F para as falsas.
   ( ) O direito trata o erro como uma falha que não pode ser corrigida, anulada e verificada a tempo.
   ( ) Ninguém pretende deliberadamente errar, mas isso pode acontecer e se espera a correção imediata do erro para que não prejudique ninguém.
   ( ) Erro é um ato cometido no intuito de levar vantagem, lesar ou enganar alguém.
   ( ) Tanto o erro quanto a fraude causam danos e perdas na contabilidade, com a diferença de que, no caso de fraude, existe o agravante do dolo e, no caso do erro, o atenuante da culpa.

   Agora, assinale a alternativa que apresenta a sequência correta:

   a) V, V, V, V.
   b) F, V, F, V.
   c) F, F, V, V.
   d) V, F, F, V.
   e) V, V, V, F.

2. Existem vários fatores que levam o fraudador a cometer o ato. Esses fatores podem ser explicados pela coexistência de três elementos primários, segundo Rocha Júnior e Gizzi (2018). Sobre o tema, analise as afirmativas a seguir e indique V para as verdadeiras e F para as falsas.

    ( ) Possibilidade de cometer a fraude sem ser visto, alguém que possa ser punido em seu lugar, descontrole na organização.
    ( ) Existência de golpistas motivados, disponibilidade de vítimas adequadas e vulneráveis e ausência de regras ou controladores eficazes.
    ( ) Falta de gestão e ética na empresa, senhas e códigos à vista de todos, falta de rigoroso controle dos bens da empresa.

    Agora, assinale a alternativa que apresenta a sequência correta.

    a) V, V, V.
    b) F, V, F.
    c) F, F, V.
    d) V, F, F.
    e) V, F, V.

3. Nas escolas de contabilidade, existe o entendimento de que muitas fraudes ocorrem em razão de conivência ativa e passiva, levando muitas autoridades a cometer as maiores fraudes. Tal conivência é também conhecida como:
    a) fraude conjunta.
    b) quadrilha.
    c) conluio.
    d) fraude em dupla.
    e) concordância.

4. O que é *compliance*?

5. Cite algumas fraudes previstas nas leis brasileiras.

Questões para reflexão

1. Quando um perito judicial comete um erro em seu laudo, qual a primeira atitude que deve tomar ao perceber o ocorrido? Fingir que nada aconteceu? Negar o erro? Corrigir o erro imediatamente?

2. É sempre mais fácil ao funcionário de uma empresa que cometeu uma fraude dizer que o ato foi realizado por ordem de seu superior hierárquico? Por quê?

MECANISMOS DE CONTROLE DAS FRAUDES E LEIS ANTIFRAUDES

Conteúdos do capítulo:
- Papel da auditoria na identificação, no controle e na prevenção das fraudes.
- Contabilidade usada para fraudar e Lei SOX.
- Lei SOX e governança corporativa.
- Contabilidade criativa.
- Estatística da fraude.
- Casos famosos de fraudes.
- Leis brasileiras antifraudes.

Após o estudo deste capítulo, você será capaz de:
1. ampliar seus estudos sobre auditoria;
2. discutir a Lei SOX, criada nos Estados Unidos para evitar as fraudes contábeis;
3. compreender o que é governança corporativa;
4. conceituar o termo *contabilidade criativa*;
5. analisar as estatísticas das fraudes no Brasil e no mundo, assim como casos famosos sobre o assunto;
6. identificar algumas leis antifraudes brasileiras.

5.1 Papel da auditoria

A auditoria contábil é um procedimento científico que visa à certificação dos elementos contábeis a fim de lhes dar credibilidade, de forma que seja útil a tomada de decisão dos usuários da informação. A *auditoria contábil* pode ser conceituada como:

> a certificação dos elementos da contabilidade com o exercício da sociedade empresária, assegurando a credibilidade das informações das peças contábeis e a integridade do patrimônio, visando a minimização dos riscos operacionais, fiscais, societários, ambientais, trabalhistas, previdenciários, sistêmicos do mercado e outros, através de técnicas específicas. (Hoog; Carlin, 2008, p. 53)

Na prática, isso significa que a auditoria das demonstrações contábeis é o conjunto de procedimentos técnicos que tem por objetivo a emissão de opinião por meio de um parecer sobre sua adequação (Hoog; Carlin, 2008).

A auditoria pode ser classificada em interna ou externa. É interna quando realizada por funcionário da empresa, e externa quando é contratada uma empresa independente para realizá-la.

Dessa forma, a auditoria contábil consiste em empregar um conjunto de procedimentos e técnicas específico para realizar a revisão e o exame de todos os fatos contábeis, com o objetivo de identificar erros e possíveis fraudes, atestando ou não credibilidade às demonstrações contábeis ou à escrita contábil.

O **auditor** é o profissional que se especializa nesse trabalho para adquirir conhecimento e exercer sua função. É exigido do auditor constante aperfeiçoamento, condição que é averiguada pelo conselho de classe.

Entre os recursos disponíveis aos auditores estão as técnicas de análise comparativas, a conciliação de saldos e contas, as comprovações documentais, as inspeções documentais e físicas, quantitativas ou de avaliação, as confirmações e validades junto a órgãos públicos, terceiros e outros, as entrevistas, as reuniões e o levantamento de informações.

As técnicas de auditoria, interna ou externa, são de suma importância para exercer o controle das atividades empresariais e para detectar as fraudes com rapidez. Culturalmente, a auditoria externa goza de maior credibilidade do que a externa, mas isso vem mudando atualmente, com a crescente demanda por programas de *compliance* e governança corporativa.

O CFC (1997), por meio da NBC T11 – Normas de Auditoria Independente das Demonstrações Contábeis (Resolução n. 820, de 17 de dezembro de 1997), estabelece que a **fraude** pode ser caracteriza por:

- manipulação, falsificação ou adulteração de registros ou documentos, de modo a modificar os registros ativos, passivos e resultados;
- apropriação indébita de ativos;
- supressão ou omissão de transações nos registros contábeis;
- registro de transações sem comprovação;
- aplicação de práticas contábeis indevidas.

Como este livro não tem o objetivo de tratar de auditoria de maneira aprofundada, o que importa aqui é conhecer essa ferramenta muito útil para coibir e detectar as fraudes. Não é possível deixar a cargo somente da auditoria a detecção de fraudes, pois apenas um conjunto de procedimentos como o *compliance*, a governança corporativa, o *due diligence*, entre outros, garantirá o resultado pretendido.

5.2 Contabilidade usada para fraudar e Lei SOX

Há algumas dezenas de anos, uma das grandes preocupações das empresas tem sido a fraude contábil. A utilização da contabilidade para fraudar e o número crescente de fraudes no mundo chamaram a atenção de todas as nações para essa emergente prática. Como exemplo, vamos tratar do que ocorreu nos Estados Unidos e que culminou no trabalho da comissão parlamentar de inquérito do Senado norte-americano, resultando na Lei Sarbanes-Oxley, também conhecida como *Lei SOX* (Introdução..., 2016).

A Lei SOX surgiu após uma grande fraude no ano de 2001 nos Estados Unidos. O desencadeamento ocorreu pela descoberta da falência da gigante do setor elétrico, a empresa Enron. Na ocasião, todos ficaram surpresos, pois os balanços apresentavam lucros e parecia que a empresa estava em uma situação econômica confortável, mas isso não era uma realidade, pois houve fraude contábil montada pela empresa. A Enron tinha, na ocasião, uma dívida de 13 bilhões de dólares e causou muitos prejuízos a clientes, fornecedores e funcionários, levando junto, inclusive, o fundo de pensão de muitos deles (Introdução..., 2016).

Com vistas a criar mecanismos de controle sobre as empresas e para que nunca mais ocorressem casos como o da Enron, dois congressistas americanos, Paul Sarbanes e Michel Oxley, criaram a Lei Sarbanes-Oxley, sancionada no ano de 2002 (Introdução..., 2016).

5.2.1 Lei SOX e governança corporativa

A Lei SOX tem como objetivo aprimorar a governança corporativa e a prestação de contas das empresas por meio da identificação, do combate e da prevenção das fraudes, garantindo o *compliance* da organização. Estão obrigadas a seguir essa lei todas as empresas, americanas ou não, que tenham ações na SEC (Securities and Exchange Comission), uma espécie de CVM (Câmara de Valores Mobiliários) americana.

Referida lei estabelece quais registros contábeis e não contábeis devem ser mantidos em arquivo e por quanto tempo. Não é possível, nesta obra, expor tudo sobre a Lei SOX, porque ela conta com 11 capítulos e 69 artigos. Vamos enfatizar apenas a fraude contábil e tratar de sua aplicação no Brasil.

Caso desejem fazer negócios com empresas americanas, as empresas brasileiras devem adequar-se às normas da Lei SOX, com a finalidade de oferecer credibilidade e transparência às transações. Para que isso ocorra, são necessários investimentos em controles internos, auditoria e governança corporativa.

Por ***governança corporativa*** entende-se o sistema pelo qual as organizações são dirigidas, monitoradas e incentivadas, envolvendo os relacionamentos entre proprietários, conselho de administração, diretoria e órgãos de controle. Essa é a definição dada pelo Instituto Brasileiro de Governança Corporativa (IBGC), que teve início em 1999, com o primeiro código brasileiro das melhores práticas de governança corporativa.

Essa área originou-se nas décadas de 1980 e 1990 nos Estados Unidos e seu objetivo era de proteger os acionistas e investidores de possíveis abusos por parte das diretorias executivas das empresas. A ideia está voltada também à valorização das relações entre as companhias e as partes interessadas, assim como entre seus acionistas, funcionários, fornecedores e clientes.

As principais características da governança corporativa, de acordo com o IBGC, são a transparência, a equidade, a prestação de contas e a responsabilidade corporativa.

O principal objetivo de sua aplicação nas empresas é auxiliar na criação de um conjunto de mecanismos que visem à prevenção e à diminuição da ocorrência de erros, fraudes e outros fatores que possam prejudicar o patrimônio.

5.2.2 Contabilidade criativa

A contabilidade criativa tem sentido pejorativo e é uma prática que existe no Brasil faz algum tempo. Cumpre lembrar que o objetivo da contabilidade é fornecer informações que propiciem aos usuários o pleno conhecimento sobre a situação econômica e financeira da empresa. Na elaboração das informações contábeis, é necessário que sejam utilizados determinados princípios e normas. Essas normas e princípios, porém, têm elementos de subjetividade, o que acaba permitindo que uma realidade seja produzida de diversas formas, tudo isso em razão da flexibilidade das normas contábeis.

A contabilidade criativa surge no contexto desse campo fértil para manipular as informações contábeis com vistas a atender aos interesses da empresa ou mesmo de seus dirigentes.

De acordo com Mayoral (2000), há diversos motivos para usar a contabilidade criativa nas empresas, conforme apresentado no Quadro 5.1, a seguir.

Quadro 5.1 – Objetivos para a utilização de contabilidade criativa

Objetivos perseguidos	Incentivos para a empresa
Melhorar a imagem apresentada	Pressão da comunidade investidora para que a empresa se encontre em uma situação ideal.
	Exigência de responder adequadamente às expectativas do mercado geradas por prognósticos favoráveis.
	Interesse em determinada política de dividendos.
	Desejo de obter recursos externos.
	Necessidade de procurar parceiros para a absorção da empresa.
	Sistema de remuneração vinculado ao lucro.

(continua)

(Quadro 5.1 – conclusão)

Objetivos perseguidos	Incentivos para a empresa
Estabilizar a imagem no decorrer dos anos	Clara preferência externa por comportamentos regulares.
	Efeito positivo da estabilidade na situação da empresa, com reflexo positivo na cotação das ações.
	Benefícios da política de dividendos em razão de ganhos menos oscilantes.
	Preferência externa por perfis de riscos reduzidos.
Debilitar a imagem demonstrada	Preferência por pagar poucos impostos.
	Interesse em distribuir baixos níveis de resultado.
	Possibilidade de atribuir êxitos em anos posteriores.
	Sistemas de remuneração que se baseiam em aumentos salariais vinculados às melhoras conseguidas.
	Dependência de tarifas máximas prescritas pelo Estado.
	Interesse na obtenção de subvenções condicionadas a situações da empresa.

Fonte: Elaborado com base em Mayoral, 2000.

Fica claro que, dependendo do interesse, as formas de aplicação da contabilidade criativa são as mais diversas. Uma das mais comuns é debilitar a imagem demonstrada para obter uma redução de impostos.

Quanto ao interesse de melhorar a imagem apresentada, isso pode ser útil para obter empréstimos dos bancos, assim como em uma negociação de venda da empresa, sendo utilizada, nesses casos, a técnica de valoração dos ativos.

5.2.3 Fraude no mundo em números

A Kroll é uma empresa líder em gerenciamento de riscos e investigações corporativas. Foi fundada em 1972 e tem sede em Nova Iorque. Realiza pesquisas para demonstrar a estatística da fraude.

Consultando seus relatórios, é possível verificar o seguinte mapeamento da detecção de fraudes no mundo relativamente aos anos de 2017/2018:

Tabela 5.1 – Mapeamento das fraudes no mundo – 2017/2018

	País	Fraude	Cyber crime	Segurança
1	Canadá	92%	92%	79%
2	USA	91%	87%	73%
3	México	85%	92%	60%
4	Colômbia	61%	87%	73%
5	Brasil	84%	89%	63%
6	Reino Unido	97%	94%	71%
7	Itália	90%	92%	56%
8	África do Sul	77%	85%	72%
9	Oriente Médio	66%	71%	64%
10	Índia	89%	84%	74%
11	Rússia	89%	80%	77%
12	China	89%	88%	75%

Fonte: Elaborado com base em Kroll, 2019.

Como podemos observar, o Reino Unido é o país que mais reportou casos de fraudes e *cyber* crimes, ao passo que o Canadá foi o que mais reportou problemas com a questão da segurança das informações.

O Brasil reportou seus dados informando que, no ano de 2018, detectou 84% de casos de fraudes, 89% de *cyber* crimes e 63% de problemas com a segurança das informações.

É importante notar a ausência de informações sobre países vizinhos ao Brasil, como Chile, Argentina, Paraguai e Uruguai, e até mesmo quanto à longínqua Austrália.

Ainda sobre os números relativos a fraudes corporativas no Brasil, a empresa PWC divulgou a pesquisa "Tirando a fraude das sombras", em que apresenta dados globais sobre fraudes e crimes econômicos em 2018 (PWC, 2018).

Com relação à pesquisa, a empresa juntou dados estatísticos que, segundo suas fontes, representam os seguintes números, dispostos na Tabela 5.2:

Tabela 5.2 – Dados estatísticos sobre fraudes brasileiras

40,50%	Perdas por apropriação indébita
30,40%	Por corrupção
21,70%	Por roubos
4,00%	Outros tipos de fraudes
81,20%	Fraudadores com segundo grau ou mais
34,30%	Fraudes que causam perdas de 1 a 10 mil reais
44,80%	Causam perdas de 10 mil a 100 mil reais
20,90%	Causam perdas acima de 100 mil reais
85,00%	Do valor das perdas por fraudes em empresas é devido a fraudes cometidas por funcionários ou colaboradores
6,00%	70 milhões de reais perdidos em fraudes pelas empresas brasileiras em 2001

Fonte: Elaborado com base em PWC, 2018.

5.2.4 Casos famosos de fraudes fora do Brasil

Vejamos, a seguir, alguns casos de fraudes mais famosos fora do Brasil.

- **Toshiba** (2015): a empresa supervalorizou seus lucros e uma auditoria independente identificou que essa situação se manteve por sete anos. Os valores ultrapassam os milhões de euros durante esse período. A companhia tentou justificar a fraude, alegando que isso era necessário porque as metas estabelecidas eram muito difíceis de alcançar. Com isso, mais de 400 mil acionistas foram enganados.

- **Siemens** (2004): a empresa alemã atua em diversos segmentos e, em 2004, fez contratos fraudulentos durante a realização dos Jogos Olímpicos da Grécia. Agia por meio do suborno e da lavagem de dinheiro.
- **Enron** (2001): a empresa de energia faliu em 2001 depois de ser descoberta fraude contábil com a manipulação de demonstrações. Esse caso, como dissemos, levou o senado norte-americano a instituir a Lei SOX.
- **Bernard Madoff** (2008): criou um esquema em formato de pirâmide para aplicações financeiras denominado *Ponzi*. Os rendimentos altíssimos dos investidores que aplicavam primeiro eram pagos com os rendimentos dos investidores que chegavam depois. A fraude resultou na cifra de 65 bilhões de dólares.
- **Lehman Brothers** (2008): foi o estopim para a crise financeira mundial de 2009. O banco possuía 600 bilhões de dólares em ativos e, mesmo assim, foi à falência. Um relatório apontou que a empresa tinha reinvindicações ilusórias contra os altos executivos e contra a empresa de auditoria Ernest & Young. As acusações ainda não foram concluídas.

5.2.5 Casos famosos de fraudes no Brasil

No *site* da Polícia Federal, é possível verificar inúmeras operações realizadas nos últimos anos para apurar fraudes. Destacamos, a seguir, alguns casos de fraudes corporativas que nem sempre foram descobertos por ações da Polícia Federal, mas nem por isso são de menor importância.

- **Banco Nacional** (1995): em 1995, o Banco Central observou que o Banco Nacional não apresentava boa liquidez. A partir dessa constatação, o Banco Central também verificou que o Nacional adulterava seus balanços. Descobriu-se, então, a existência de mais de 600 contas-fantasmas, usadas para realizar empréstimos fictícios, somando a quantia de 5,5 bilhões de reais. Essas operações fraudulentas foram sendo renovadas e ampliadas, o que resultou em um rombo ainda maior, de 7,2 bilhões de reais.

- **Banestado** (1996 a 2000): durante quatro anos, foram enviados ao exterior cerca de 24 bilhões de dólares, ilegalmente remetidos por meio das contas denominadas *CC5* (tipo de operação regulada pelo Bacen). O esquema utilizava 91 contas de "laranjas" para efetuar as remessas. Era de conhecimento de gerentes e de diretores do banco. Foram denunciados 684 funcionários, e 97 foram condenados.
- **Panamericano** (2010): o banco, criado pelo empresário Silvio Santos, teve de ser socorrido pelo Fundo Garantidor de Crédito (FGC) em novembro de 2010 com a finalidade de evitar sua liquidação. O banco manipulava a contabilidade e conseguia manter ocultos resultados negativos que evidenciavam uma grave situação financeira. Os dados contábeis gerados artificialmente demonstravam que o banco apresentava lucros e dispunha de caixa suficiente para se manter em funcionamento regular, quando, na realidade, vinham sendo acumulados prejuízos ao longo do tempo.
- **Orthofix** (2011 e 2013): investigações apontam que a empresa teria registrado receitas oriundas de outro tipo de fraude, antes do tempo permitido, mesmo tendo concedido maior prazo aos clientes para pagamento. Dessa forma, a companhia produziu relatórios financeiros incorretos no período. Ainda, a filial brasileira da Orthofix, que produz e vende implantes e equipamentos médicos, teria violado a Lei de Combate a Práticas de Corrupção no Exterior (FCPA) ao praticar um esquema com fortes descontos e pagamentos inadequados, por meio de seus representantes e de suas distribuidoras, a fim de induzir médicos contratados pelo governo brasileiro a utilizar seus produtos. A fraude ficou conhecida como *máfia das próteses*.

5.3 Cronologia das leis antifraudes brasileiras

Pensando em coibir e mesmo em minimizar as fraudes corporativas, financeiras, fiscais e contábeis, foram sendo, ao longo dos anos, criadas leis e regras antifraudes. Nesta seção, vamos apresentar, em ordem cronológica, algumas das mais importantes leis estabelecidas.

5.3.1 Falsificações material e ideológica da escrituração contábil (1977)

O Decreto-Lei n. 1.598, de 26 de dezembro de 1977, em seu art. 7º, parágrafo 1º, estabelece que "a falsificação, material ou ideológica da escrituração e seus comprovantes, ou de demonstração financeira, que tenha por objeto eliminar ou reduzir o montante do imposto devido, ou diferir seu pagamento, submeterá o sujeito passivo a multa, independentemente da ação penal que couber" (Brasil, 1977).

Um exemplo da falsificação de comprovantes ou de escrituração contábil, nesse caso, é um lançamento de pagamento de uma guia de imposto sem autenticação mecânica do banco comprovando seu pagamento.

5.3.2 Comitês de Estudos sobre Controles Internos (1985)

Na época, vivia-se no mundo corporativo um ambiente conturbado pela descoberta de fraudes nas demonstrações financeiras de grandes companhias. Diante disso, surgiu a necessidade de aprimorar os controles internos das empresas. Foram, então, estabelecidos regulamentos a fim de facilitar sua implementação e sua execução. Dessa necessidade nasceu, em 1985, a National Commission on Fraudulent

Financial Reporting (Comissão Nacional sobre Fraudes em Relatórios Financeiros).

Posteriormente, em 1992, foi publicado por essa comissão um trabalho que se tornou referência no tema e auxiliou as empresas a organizar, avaliar e aperfeiçoar seus sistemas de controle interno.

Com o passar do tempo, a comissão transformou-se em um comitê, intitulado The Comitee of Sponsoring Organizations (Comitê das Organizações Patrocinadoras, indicada pela sigla Coso). O Coso é uma entidade sem fins lucrativos que se dedica à melhoria dos relatórios financeiros por meio da ética, da efetividade dos controles internos e da governança corporativa (PWC, 2007).

5.3.3 Lei de Combate aos Crimes no Sistema Financeiro (1986)

A Lei n. 7.492, de 16 de junho de 1986, define os crimes contra o sistema financeiro nacional e dá outras providências (Brasil, 1986). Ficou popularmente conhecida como a *Lei do Colarinho Branco*, pois se relacionava aos crimes cometidos por pessoas de elevado *status* social.

A ideia era coibir os crimes financeiros, os crimes contra o sigilo das operações nas instituições financeiras e nas finanças públicas, incluindo também crimes de evasão cambial e de divisas.

Contava com 35 artigos, organizados em três tópicos. O primeiro é a respeito do conceito de instituição financeira; o segundo trata dos crimes contra o sistema financeiro nacional; e o terceiro cuida da aplicação e do procedimento criminal. Porém, a lei sofreu diversos vetos presidenciais e seus dispositivos foram reduzidos de 35 para 33 (Brasil, 1986).

5.3.4 Lei de Combate aos Crimes contra Investidores (1989)

A Lei n. 7.913, de 7 de dezembro de 1989, denominada *Lei de Combate aos Crimes contra Investidores*, foi concebida para dispor sobre a ação civil pública de responsabilidade por danos causados aos investidores no mercado de valores mobiliários.

É composta de cinco artigos: o art. 1º dispõe sobre a legitimidade do Ministério Público para a propositura da ação civil pública e, em seus incisos, especifica as ações a serem consideradas; o art. 2º estabelece a conduta para o ressarcimento dos danos sofridos por investidores, com o prazo estipulado de dois anos para exercer o direito; os arts. 3º, 4º e 5º trazem a aplicação da Lei acessória n. 7.347/1985, sua vigência e sua revogação.

5.3.5 Lei de Combate aos Crimes contra a Ordem Econômica e Tributária (1990)

Antes da Lei de Combate aos Crimes contra a Ordem Econômica e Tributária ser redesenhada, já existia a antiga Lei n. 4.729/1965, que previa apenas crimes de sonegação fiscal. Porém, ao final da década de 1990, surgiu a Lei n. 8.137, de 27 de dezembro de 1990, que prevê crimes contra a ordem tributária, cuidando de tratar também de crimes contra as relações de consumo e contra a economia (Brasil, 1990b).

5.3.6 Código de Defesa do Consumidor (1990)

Como próprio nome diz, a ideia da lei é proteger o consumidor e o tomador de serviços. Criada em 11 de setembro de 1990, a Lei n. 8.078, em seu art. 14, assim estabelece:

> Art. 14. O fornecedor de serviços responde, independentemente da existência de culpa, pela reparação dos danos causados aos

consumidores por defeitos relativos à prestação dos serviços, bem como por informações insuficientes ou inadequadas sobre sua fruição e riscos.

§ 1º O serviço é defeituoso quando não fornece a segurança que o consumidor dele pode esperar, levando-se em consideração as circunstâncias relevantes, entre as quais:

I – o modo de seu fornecimento;

II – o resultado e os riscos que razoavelmente dele se esperam;

III – a época em que foi fornecido.

§ 2º O serviço não é considerado defeituoso pela adoção de novas técnicas.

§ 3º O fornecedor de serviços só não será responsabilizado quando provar:

I – que, tendo prestado o serviço, o defeito inexiste;

II – a culpa exclusiva do consumidor ou de terceiro.

§ 4º A responsabilidade pessoal dos profissionais liberais será apurada mediante a verificação de culpa. (Brasil, 1990a)

5.3.7 Lei de Combate às Contas-Fantasmas em Instituições Financeiras (1991)

O art. 64 da Lei n. 8.383, de 30 de dezembro de 1991, instituiu a URV (unidade referencial de valor) e alterou a legislação do imposto de renda, além de ter fixado a penalização por crimes de falsidade praticados por gerentes e dirigentes de instituições financeiras de forma a combater as contas e as instituições bancárias fantasmas abertas em nome de "laranjas" (Brasil, 1991).

> Art. 64. Responderão como coautores de crime de falsidade o gerente e o administrador de instituição financeira ou assemelhadas que concorrerem para que seja aberta conta ou movimentados recursos sob nome:

I – falso;

II – de pessoa física ou de pessoa jurídica inexistente;

III – de pessoa jurídica liquidada de fato ou sem representação regular.

Parágrafo único. É facultado às instituições financeiras e às assemelhadas, solicitar ao Departamento da Receita Federal a confirmação do número de inscrição no Cadastro de Pessoas Físicas ou no Cadastro Geral de Contribuintes. (Brasil, 1991)

Contas-fantasmas são usualmente empregadas para a prática de lavagem de dinheiro. "Laranjas" são os indivíduos que permitem a utilização de seu nome e de seus dados pessoais para abertura de contas e, até mesmo, de empresas, recebendo em contrapartida uma remuneração.

5.3.8 Lei de Improbidade Administrativa (1992)

A Lei n. 8.429, de 2 de junho de 1992, conhecida como *Lei de Improbidade Administrativa*, estabelece sanções aplicáveis aos agentes públicos nos casos de enriquecimento ilícito no exercício de mandato, cargo, emprego ou função na Administração Pública (Brasil, 1992).

> O enriquecimento ilícito é a transferência de bens, valores ou direitos, de uma pessoa para outra, quando não é caracterizada uma causa jurídica adequada. Como por exemplo, a cobrança de tarifas, por instituição financeira ou por empresa de telefonia, não previstas na legislação ou que não atendam a serviços efetivos. (Brasil, 1992)

Referida lei tem como objetivo coibir o enriquecimento ilícito de agentes públicos e de terceiros, evitando também o prejuízo aos cofres públicos.

5.3.9 Lei de Combate às Organizações Criminosas (1995)

Sancionada durante o governo Fernando Henrique Cardoso, a Lei n. 9.034, de 3 de maio de 1995, apresenta o termo *crime organizado* (Brasil, 1995).

A lei foi muito criticada, pois não tipificou as organizações criminosas e sequer conceituou o que seria crime organizado, apresentando, portanto, diversas falhas.

5.3.10 Comitê de Supervisão Bancária – Basileia (1998)

Nos anos 1970, desenhava-se um cenário em que o mercado financeiro mundial vivia um momento especial e delicado após o fracasso do sistema de Bretton Woods, que convertia dólar em ouro e mantinha as taxas de câmbio fixas.

Com a globalização financeira trazendo instabilidade ao sistema, houve a necessidade de criar um órgão para instituir práticas e normas ao sistema financeiro internacional.

Dessa forma, em 1974, foi criado o Comitê da Basileia, composto dos representantes dos bancos centrais e autoridades com responsabilidade pela supervisão bancária nos países do então denominado *G-10* (grupo dos dez países mais ricos do mundo, formado por Alemanha, Bélgica, Canadá, Estados Unidos, França, Holanda, Itália, Japão, Reino Unido e Suécia).

A sede do comitê foi estabelecida na Basileia, na Suíça, mais especificamente no Banco de Compensações Internacionais (BIS – Bank of International Settlements). O principal objetivo do comitê era instituir regras e práticas de controle das transações bancárias visando reforçar a solidez e a convergência de padrões nacionais de capital, além de minimizar as desigualdades competitivas entre os bancos internacionais ativos.

Em 1997 e 1998, foi divulgado o primeiro Acordo de Capital da Basileia.

5.3.11 Lei de Combate à Lavagem de Dinheiro (1998)

O termo *lavagem de dinheiro* significa transformar o dinheiro proveniente de atividades ilícitas em dinheiro lícito por métodos que propiciem dar origem aos valores ilegais. Por exemplo, criar uma empresa que receba constante movimentação de dinheiro para incluir o dinheiro ilícito nesse montante e torná-lo lícito.

São bastante utilizadas empresas de fachada, cuja atividade seja de giro rápido, como bares e restaurantes.

A Lei n. 9.613, de 3 de março de 1998, em seu art. 1º, define da seguinte forma a lavagem de dinheiro:

> Art. 1º Ocultar ou dissimular a natureza, origem, localização, disposição, movimentação ou propriedade de bens, direitos ou valores provenientes, direta ou indiretamente, de infração penal.
>
> I – de tráfico ilícito de substâncias entorpecentes ou drogas afins;
>
> I – (revogado);
>
> II – de terrorismo;
>
> II – de terrorismo e seu financiamento;
>
> II – (revogado);
>
> III – de contrabando ou tráfico de armas, munições ou material destinado à sua produção;
>
> III – (revogado);
>
> IV – de extorsão mediante sequestro;
>
> IV – (revogado);
>
> V – contra a Administração Pública, inclusive a exigência, para si ou para outrem, direta ou indiretamente, de qualquer

vantagem, como condição ou preço para a prática ou omissão de atos administrativos;
VI – contra o sistema financeiro nacional;
VII – praticado por organização criminosa.
VIII – praticado por particular contra a administração pública estrangeira (arts. 337-B, 337-C e 337-D do Decreto-Lei n° 2.848, de 7 de dezembro de 1940 – Código Penal). (Brasil, 1998)

5.3.12 Conselho de Controle de Atividades Financeiras (1998)

O Coaf (Conselho de Controle de Atividades Financeiras) é uma entidade do Ministério da Fazenda criada como uma Unidade de Inteligência Financeira (UIF) que atua na prevenção dos crimes de lavagem de dinheiro, definido pela Lei n. 9.613/1998.

As atividades do Coaf são supervisionar e exercer vigilância em todo o território nacional e acompanhar as atividades do sistema financeiro. Um exemplo de atuação do Coaf é verificar as operações consideradas anormais, o que seria equivalente às movimentações de dinheiro de origem suspeita e/ou duvidosa, muitas vezes em espécie e quase sempre incompatíveis com a renda declarada da pessoa ou da empresa.

Os bancos e os profissionais liberais, como contadores e economistas, devem anualmente comunicar ao Coaf, por meio de relatório específico, se tiveram contato com movimentações financeiras suspeitas.

5.3.13 Novo Código Civil (2002)

A Lei n. 10.406, de 10 de janeiro de 2002, é um conjunto de normas que estabelecem os direitos e os deveres das pessoas, dos bens e de suas relações no âmbito privado com base na Constituição Federal brasileira (Brasil, 2002).

5.3.14 Lei de Combate aos Crimes Praticados por Organizações Criminosas (2012)

A Lei n. 12.683, de 9 de julho de 2012, basicamente substitui a Lei n. 9.613/1998. A nova lei instituiu avanços significativos na prevenção e no combate à lavagem de dinheiro, como:

> Art. 9° Sujeitam-se às obrigações referidas nos arts. 10 e 11 as pessoas físicas e jurídicas que tenham, em caráter permanente ou eventual, como atividade principal ou acessória, cumulativamente ou não:
> Parágrafo único.
> I – as bolsas de valores, as bolsas de mercadorias ou futuros e os sistemas de negociação do mercado de balcão organizado;
> X – as pessoas físicas ou jurídicas que exerçam atividades de promoção imobiliária ou compra e venda de imóveis;
> XII – as pessoas físicas ou jurídicas que comercializem bens de luxo ou de alto valor intermedeiem a sua comercialização ou exerçam atividades que envolvam grande volume de recursos em espécie;
> XIII – as juntas comerciais e os registros públicos;
> XIV – as pessoas físicas ou jurídicas que prestem, mesmo que eventualmente, serviços de assessoria, consultoria, contadoria, auditoria, aconselhamento ou assistência, de qualquer natureza, em operações:
> > a) de compra e venda de imóveis, estabelecimentos comerciais ou industriais ou participações societárias de qualquer natureza;
> > b) de gestão de fundos, valores mobiliários ou outros ativos;
> > c) de abertura ou gestão de contas bancárias, de poupança, investimento ou de valores mobiliários;

d) de criação, exploração ou gestão de sociedades de qualquer natureza, fundações, fundos fiduciários ou estruturas análogas;
e) financeiras, societárias ou imobiliárias; e
f) de alienação ou aquisição de direitos sobre contratos relacionados a atividades desportivas ou artísticas profissionais

XV – pessoas físicas ou jurídicas que atuem na promoção, intermediação, comercialização, agenciamento ou negociação de direitos de transferência de atletas, artistas ou feiras, exposições ou eventos similares;

XVI – as empresas de transporte e guarda de valores;

XVII – as pessoas físicas ou jurídicas que comercializem bens de alto valor de origem rural ou animal ou intermedeiem a sua comercialização; e

XVIII – as dependências no exterior das entidades mencionadas neste artigo, por meio de sua matriz no Brasil, relativamente a residentes no País. (Brasil, 2012a)

5.3.15 Lei Anticorrupção (2013)

A Lei n. 12.846, de 1º de agosto de 2013, dispõe sobre a responsabilização administrativa e civil de pessoas jurídicas pela prática de atos contra a Administração Pública, nacional ou estrangeira (Brasil, 2013b).

Na lei, estão previstas as penalidades às empresas por atos de corrupção contra a Administração Pública. A multa poderá chegar a 20% do faturamento e, ainda, a empresa responderá por atos de corrupção, mesmo que não seja comprovado o envolvimento direto de seus gestores.

Síntese

Neste capítulo, abordamos a auditoria contábil como um procedimento cientifico muito útil para a certificação e a verificação de elementos contábeis e financeiros, a fim de lhes dar credibilidade ou detectar fraudes.

Esclarecemos que a expressão *contabilidade criativa* tem um sentido pejorativo, e os objetivos desejados por quem pratica a contabilidade criativa, bem como os incentivos a fazê-lo, foram tratados de forma breve. Em contrapartida, apresentamos o conceito de governança corporativa.

Também indicamos levantamentos estatísticos sobre fraudes no mundo e no Brasil e algumas leis antifraudes brasileiras.

Para saber mais

O CONTADOR. Direção: Gavin O'Connor. EUA, 2016. 130 min.

O filme conta a história de um cidadão comum e educado, vivido pelo ator Ben Affleck, que segue uma rotina aparentemente tranquila. O que as pessoas ao seu redor nem imaginam é que ele leva uma vida dupla quando sai pelas ruas para agir como assassino de aluguel. Para nosso estudo, vale notar que o contador utiliza técnicas de lavagem de dinheiro para seus clientes, além de descobrir um roubo dentro de uma companhia para a qual está prestando serviços como auditor.

Questões para revisão

1. Quanto à contabilidade criativa, relacione os objetivos perseguidos com os incentivos da empresa:

    (A) Melhorar a imagem apresentada.
    (B) Estabilizar a imagem no decorrer dos anos.
    (C) Debilitar a imagem demonstrada.

( ) Sistema de remuneração vinculado aos lucros.
( ) Benefícios nas políticas de dividendos em razão de ganhos menos oscilantes.
( ) Interesse na obtenção de subvenções condicionadas à situações que atravessam a empresa.
( ) Desejo de obter recursos externos.
( ) Preferência por pagar poucos impostos.

Agora, assinale a alternativa que apresenta a sequência correta:

a) A, B, C, A, C.
b) B, B, A, A, C.
c) B, A, C, A, C.
d) A, B, A, A, C.
e) A, B, A, B, C.

2. Com relação ao auditor profissional, analise as afirmações a seguir e indique V para as verdadeiras e F para as falsas.
( ) Especializa-se nesse trabalho para adquirir conhecimento e exercer sua função.
( ) É exigido do auditor constante aperfeiçoamento, condição que é averiguada pelo conselho de classe.
( ) É solicitado exame de suficiência para exercer a atividade de auditor, com o consequente registro especifico.
( ) Para exercer a profissão, basta ser contador formado em nível superior.

Agora, assinale a alternativa que apresenta a sequência correta:

a) F, V, V, F.
b) V, F, F, F.
c) V, V, F, F.
d) V, V, V, F.
e) F, F, V, F.

3. O que impede de fato o cometimento de fraudes?
   a) Certeza da punição severa, prática de atitudes éticas por parte das empresas e das pessoas, mudanças de comportamento.
   b) Certeza da punição branda, prática de atitudes éticas por parte das empresas e das pessoas, mudanças de comportamento.
   c) Certeza da punição severa, prática de atitudes ilícitas pelas empresas e pelas pessoas, mudanças de comportamento.
   d) Certeza da punição severa, prática de atitudes ilícitas pelas empresas e pelas pessoas, mesmo padrão de comportamento.
   e) Certeza da punição severa, prática de atitudes éticas por parte das empresas e das pessoas, mesmo padrão de comportamento.
4. Segundo Hoog e Carlin (2008), qual é o conceito de auditoria?
5. Conforme a NBC T 11 – Normas de Auditoria Independente das Demonstrações Contábeis, a fraude pode ser caracterizada por quais elementos?

Questão para reflexão

1. Foi necessário que fraudes fossem descobertas e chocassem a comunidade para que providências fossem tomadas a fim de evitá-las. Quais são os mecanismos utilizados no combate às fraudes?

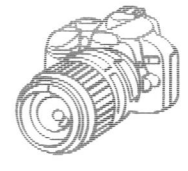

FRAUDES CONTÁBEIS MAIS COMUNS

Conteúdos do capítulo:
- Fraudes contábeis mais comuns.
- Fraudes contábeis encontradas nas operações da Polícia Federal.

Após o estudo deste capítulo, você será capaz de:
1. identificar as várias formas utilizadas para praticar as fraudes contábeis;
2. reconhecer o esforço da Polícia Federal, do Ministério Público e do Judiciário para identificar e punir os fraudadores.

6.1 Tipos de fraudes contábeis mais comuns

Dirigentes de empresas ou pessoas que detêm grande poder na organização podem encontrar mais facilidade para cometer fraudes contábeis. Um exemplo seria o funcionário que efetua a compra e não realiza o pagamento.

A deficiência de controles internos, de auditorias externas periódicas e a ausência das práticas estabelecidas no *compliance* também são facilitadores para prática de fraudes.

Os sistemas, os métodos e os critérios para a detecção das fraudes contábeis apontam as contas em que há maior incidência desse tipo de ilícito: as relativas ao capital circulante, aos bancos, ao caixa, aos estoques e aos créditos a receber.

Podemos, então, relacionar em tópicos algumas fraudes contábeis mais comumente encontradas nas organizações:

- Saldos de caixas fictícios: altos valores contabilizados e pouco dinheiro no cofre.
- Compras com notas frias: existe a nota, porém não há mercadoria ou serviço.
- Guias de tributos falsificadas: documentos com autenticação irregular, simulação de pagamento de impostos.
- Pagamentos a funcionários não existentes para criar despesas.
- Compras com notas "calçadas": o preço constante da nota fiscal, em sua primeira via, é superior ao efetivamente pago e ao valor das demais guias do bloco de nota fiscal do fornecedor.
- Pagamento em duplicidade da mesma nota fiscal para gerar maior despesa.
- Descontos hipoteticamente concedidos ao cliente: o cliente paga o valor total da duplicata e o caixa registra um desconto fictício.

- Juros, correções monetárias ou multa por simulação de pagamento atrasado.
- Registro de saída de caixa sem documentação formal.
- Recibo de pagamento de lucros a sócios sem que estes existam.
- Omissão de receita: vendas sem notas fiscais.
- Baixa de bens do ativo como sucata: quando vendidas por valor de mercado, porém registradas por valor de sucata.
- Em estoques como subavaliações, estoques obsoletos, entradas ou saídas por valores diferentes da realidade ou aplicação falsa de materiais na produção.
- No ativo não circulante, aquisições fictícias de bens, reparos não realizados.
- Preços de transferências praticados entre pessoas jurídicas e físicas: a fraude está na prática de preço inferior, a simulação imprime transferência de lucro entre empresas, coligadas, controladas ou interligadas.
- No passivo: pode haver um passivo fictício, ou seja, dívidas não existentes pagas pelo caixa 2, facilmente detectados pela técnica de circularização; ou o oposto, dívidas relativas a mercadorias não recebidas e contabilizadas.
- Como alvo principal, nos casos de concordata e falência, os créditos preferenciais, ou seja, aqueles que têm prioridade quando da liquidação, são os mais visados pelo interesse de criá-los para desvio de recursos em prejuízo dos demais credores. A perícia deve levar em conta a origem e a aplicação do recurso, além das formalidades e da materialidade do título de crédito.
- No patrimônio líquido, as mais comuns são as falsas integralizações de capital ou a integralização com bens/mercadorias a preço inferior ao de mercado.
- Reservas de reavaliações ilícitas: por atribuição falsa de valores de elementos do não circulante, inclusive o resultado de equivalência patrimonial de empresas controladas.

- Nos custos dos produtos acabados, em elaboração e vendidos: com o objetivo de alterar os lucros para sonegar a carga tributária ou alterar custos para mascarar preços, com o fim de enganar o controle de preços no caso de produtos controlados. São fraudes processadas basicamente nos componentes de produção, CIF (custo indireto de fabricação), MOD (mão de obra direta) e MP (matéria-prima).
- Nas despesas: por documentos falsos, como por despesas alheias ao objeto da empresa.
- Privilégios a diretores e sócios.
- Contratos de publicidade sem a produção dos serviços.
- Simulação de gastos com notas falsas.
- Uso de verba de representação.
- Pagamento de comissões sem a ocorrência do fato.
- Baixa de duplicatas não recebidas que estão intrinsecamente ligadas às fraudes do caixa.
- Alterações do saldo de exercícios anteriores.
- Quebras do princípio da continuidade por meio de transferência de prejuízo acumulado para o ativo não circulante, somando ao saldo de algumas das contas, até alteração no destino do resultado dos exercícios anteriores na própria demonstração de mutações do patrimônio líquido.
- Classificação indevida de dívida de curto prazo para longo prazo, ou direitos de longo prazo para curto prazo, com o objetivo de alterar índices de liquidez e desempenho financeiro.
- Omissão de informações relevantes em notas explicativas sobre eventos subsequentes que possam eventualmente alterar a continuidade da empresa.
- Não reconhecimento contábil de contingências ambientais, fiscais, trabalhistas ou provisão para garantias, tanto a título de provisão de contingências quanto a título de reserva de contingências.

- Simulação de capital social para obter mais crédito, alterando a participação de capital de terceiros em relação às origens totais de recursos, ou seja, crime falimentar, sendo o capital integralizado de forma fictícia a débito da conta caixa sem a real existência física, ou, em ato contínuo, é emprestado para o próprio sócio que aumentou o capital.

São várias as formas utilizadas para fraudar a contabilidade, e todas elas causam perdas às empresas, algumas em maior ou menor proporção. Para que se evitem as fraudes, citamos, nesta obra, mecanismos de controle que devem ser fielmente aplicados pelas companhias. O mais importante, porém, é mudar a cultura da organização, fazendo com que seus valores éticos sempre prevaleçam.

6.2 Números das operações da Polícia Federal

Não seria possível escrever esta obra sobre fraudes contábeis sem ao menos comentar sobre uma das maiores operações anticorrupção já vistas na história: a Operação Lava Jato.

Não é correto pensar que tudo começou em março de 2014, quando a Polícia Federal deflagrou a operação que seria mundialmente conhecida como *Lava Jato*, pois, há muito tempo, diversas operações já vinham sendo realizadas. Com base nas informações divulgadas pela Polícia Federal em seu *site*, mas sem adentrar em cada uma delas, destacamos esse número impressionante no Quadro 6.1, a seguir.

Quadro 6.1 – Operações da Polícia Federal

Ano	Data	Operação
2003	09/12/2003	Trânsito Livre
	30/10/2003	Anaconda
	05/10/2003	Estrada do contorno
	13/03/2003	Sucuri
2004	01/12/2004	Perseu
	17/08/2004	Farol da Colina
	27/10/2004	Chacal
	19/05/2004	Vampiro
2005	19/09/2005	Caravelas
	13/07/2005	Narciso
	01/07/2005	Monte Éden
	15/06/2005	Cevada
	31/03/2005	Shogun
2006	04/08/2006	Dominó
	04/04/2006	Sanguessuga
2007	02/08/2007	Macuco
	02/08/2007	Farrapos
	17/05/2007	Navalha
	13/04/2007	Furacão (*Hurricane*)
2008	08/07/2008	Santigaha
	23/06/2008	Porto Seguro
	03/03/2008	Arco de Fogo
2009	27/11/2009	Caixa de Pandora
	25/03/2009	Castelo de Areia
2010	16/12/2010	Maet
2011	18/11/2011	Termópila
2012	07/12/2012	Durkheim
	29/02/2012	Monte Carlo

(continua)

(Quadro 6.1 – conclusão)

Ano	Data	Operação
2013	12/11/2013	Ararath
	10/05/2013	G-7
	29/05/2013	Concutare
	30/01/2013	Planeta
2014	18/12/2014	Gafanhotos
	17/03/2014	Lava Jato
2015	09/12/2015	Pulso
	10/11/2015	Zaqueu
	29/05/2015	Acrônimo
	26/03/2015	Zelotes
2016	22/03/2016	Xepa

Fonte: Elaborado com base em Brasil, 2016.

As operações destacadas no Quadro 6.1 e que estão sendo divulgadas são as principais, mas o fato é que muitas delas tiveram desmembramentos e acabaram por originar mais e mais operações, totalizando de mais de 285 operações. Outras informações podem ser obtidas no *site* da Polícia Federal, que tem item de consulta específico de cada uma das operações e segue até os dias atuais.

É possível afirmar que o foco principal das operações era a lavagem de dinheiro. A maioria utilizava operadores de câmbio e aplicações de recursos ilícitos em empresas conhecidas como *offshores*. Ocorre que, em muitas delas, além das questões financeiras, havia fraude contábil.

As fraudes contábeis sempre estiveram presentes, seja pela criação de empresas-fantasmas, seja pela existência de caixa 2, seja pela denominada *contabilidade paralela*. As empresas não apresentavam contabilidade compatível com sua realidade financeira.

Outras modalidades desvendadas nas operações foi o superfaturamento de compras de medicamentos e de obras públicas, bem como as fraudes em benefícios do INSS, em contabilidade paralela, a clientes, a fornecedores, entre outras.

Por ser um assunto muito abrangente, seria necessária uma obra específica para tratar desse tema tão complexo. Aqui, limitamo-nos a indicar algumas operações a fim de despertar a curiosidade do leitor.

6.2.1 Números da Operação Lava Jato

A Operação Lava Jato teve seu marco inicial em março de 2014. Em um esquema criminoso, grandes empreiteiras concorriam entre si em licitações para conseguir firmar contratos com a Petrobras. A estatal contratava a empresa que aceitasse o menor preço, porém havia um esquema de cartel e de pagamento de propinas a políticos, com envolvimento de funcionários da estatal e operadores financeiros, para intermediar e entregar a propina disfarçada de dinheiro limpo, cuja "lavagem" era feita por meio de contratos simulados com empresas de fachada e movimentação de recursos no exterior.

Os números da Operação Lava Jato são impressionantes. Por exemplo, 4.220 policiais envolvidos, quebras de sigilo fiscal e bancário de 650 pessoas, sigilo telefônico de outras 330 e sigilo de dados de mais 350 (Brasil, 2018).

Quanto aos valores envolvidos, são R$ 2.400.000.000,00 referentes a bens bloqueados e apreendidos nas operações, R$ 745.100.000,00 relativos a valores repatriados e, finalmente, R$ 12.500.000.000,00 relacionados a valores analisados em operações financeiras investigadas (Brasil, 2018).

A operação também examinou um total de apenas 96 documentos, sendo esse um indicativo de que os números contábeis não são confiáveis e podem ser manipulados (Brasil, 2018).

Quanto aos laudos periciais produzidos, os números são: 95 laudos de exame financeiro, 51 laudos de exame contábil e apenas 6 laudos de exame documentoscópico (Brasil, 2018).

Síntese

Neste capítulo, abordamos os tipos de fraudes contábeis que podem ocorrer nas organizações. Também trouxemos alguns números da Operação Lava Jato e de outras operações da Polícia Federal relativas às fraudes contábeis.

Para saber mais

O MECANISMO. Criação: José Padilha e Elena Soárez. Netflix, 2018.
O filme trata do início da Operação Lava Jato, quando começaram as descobertas do grande emaranhado de situações criadas para fraudar os cofres públicos.

Questões para revisão

1. Assinale a(s) alternativa(s) que apresentam práticas que podem ser consideradas fraudulentas:
   a) Saldos de caixas fictícios – altos valores contabilizados e pouco dinheiro no cofre.
   b) Compras com notas frias – existe a nota, porém não há mercadoria ou serviço.
   c) Guias de tributos falsificadas – documentos com autenticação irregular, simulação de pagamento de impostos.
   d) Pagamentos a funcionários registrados gerando despesas.
   e) Pagamento em duplicidade da mesma nota fiscal para gerar maior despesa.
   f) Registro de saída de caixa sem documentação formal.

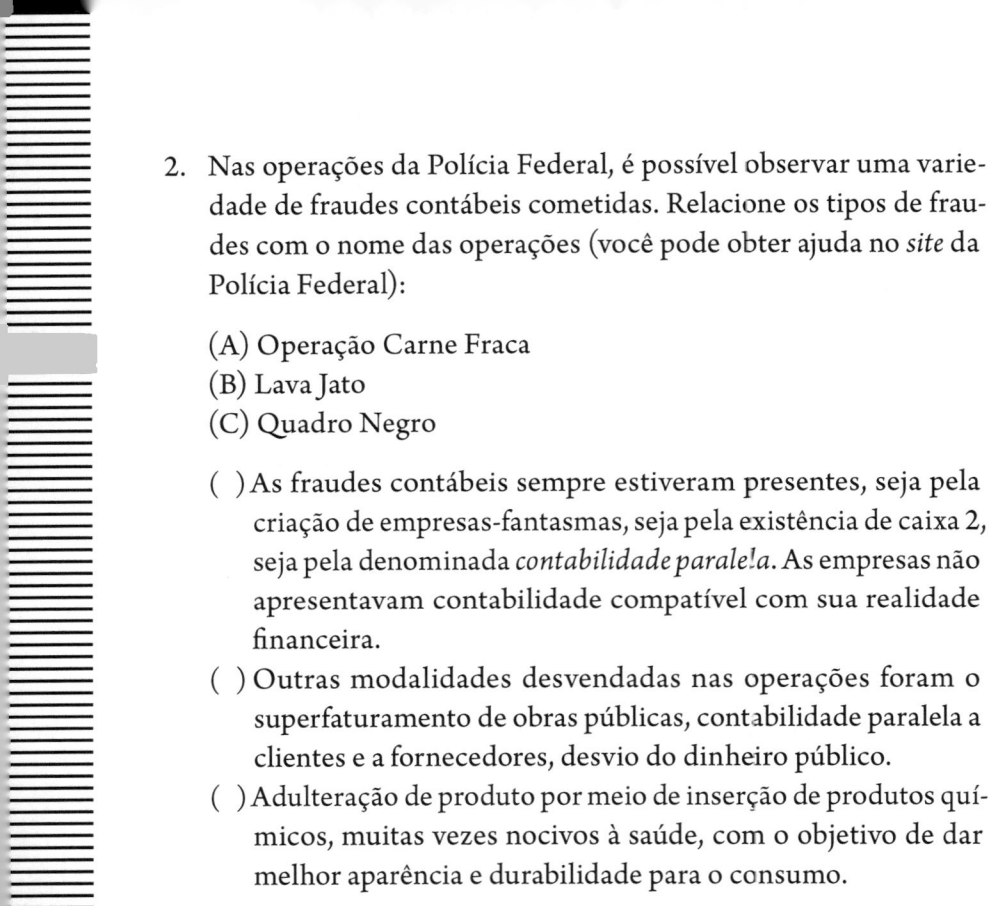

2. Nas operações da Polícia Federal, é possível observar uma variedade de fraudes contábeis cometidas. Relacione os tipos de fraudes com o nome das operações (você pode obter ajuda no *site* da Polícia Federal):

(A) Operação Carne Fraca
(B) Lava Jato
(C) Quadro Negro

( ) As fraudes contábeis sempre estiveram presentes, seja pela criação de empresas-fantasmas, seja pela existência de caixa 2, seja pela denominada *contabilidade paralela*. As empresas não apresentavam contabilidade compatível com sua realidade financeira.
( ) Outras modalidades desvendadas nas operações foram o superfaturamento de obras públicas, contabilidade paralela a clientes e a fornecedores, desvio do dinheiro público.
( ) Adulteração de produto por meio de inserção de produtos químicos, muitas vezes nocivos à saúde, com o objetivo de dar melhor aparência e durabilidade para o consumo.

Agora, assinale a alternativa que apresenta a sequência correta:

a) A, C, B.
b) A, B, C.
c) B, C, A.
d) C, A, B.
e) C, B, A.

3. São considerados facilitadores para o cometimento de fraudes contábeis:
   I) A deficiência de controles internos, de auditorias externas periódicas e a ausência das práticas estabelecidas no *compliance* também são facilitadores para prática de fraudes.
   II) A deficiência de controles internos e bons controles externos.
   III) Ausência de auditorias externas periódicas, porém permanente auditoria interna.

   Agora, assinale a alternativa que apresenta a resposta correta:
   a) Somente I.
   b) Somente I e III.
   c) Somente II.
   d) Somente III.
   e) I, II e III.

4. Quantas foram as operações da Polícia Federal?

5. Com relação à Operação Lava Jato, aponte alguns números, como montante recuperado, perícias realizadas e réus presos.

Questões para reflexão

1. Se não existisse a Operação Lava Jato, qual seria o cenário atual de nosso país?

2. Em que setores devem ser aplicados os recursos recuperados e repatriados com as operações da Polícia Federal?

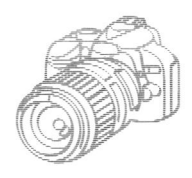

para concluir...

Nesta obra, buscamos evidenciar alguns conhecimentos adquiridos em anos de estudos e prática na perícia contábil e de documentografoscopia. Os temas aqui tratados – fraudes contábeis e fraudes documentais – são distintos, porém se encontram quando um utiliza o outro nas respectivas construções e aplicações.

As duas ciências, a contábil e a documentoscopia, são fascinantes e complexas. Para exercer o ofício de perito do Judiciário, é preciso muito conhecimento do assunto. Buscamos, neste estudo, transmitir alguns conceitos sobre esses temas, indicando, ao final de cada capítulo, exercícios para a prática e fixação do aprendizado.

Temos a clareza de que este livro não esgota o tema. O objetivo maior foi ensinar os primeiros passos para buscar despertar seu interesse por essa fascinante área. Esperamos ter contribuído para sua formação e aquisição de conhecimento sobre fraudes contábeis e fraudes documentais e desejamos que você continue na busca por mais informações sobre as temáticas aqui abordadas.

referências

AMARAL, S. **Falsidade documental**. Campinas: Millennium, 2000.

BANDEIRA, J. R. da R. **Curso de perícia grafotécnica no CONPEJ – Conselho Nacional dos Peritos Judiciais da República Federativa do Brasil**. Rio de Janeiro, 2016.

BEGLEY, L. **O Caso Dreyfus**: Ilha do Diabo, Guantánamo e o pesadelo da história. Tradução de Laura Teixeira Motta. São Paulo: Companhia das Letras, 2010.

BRASIL. Conselho Administrativo de Defesa Econômica. **Perguntas gerais sobre defesa da concorrência**. 29 jan. 2016. Disponível em: <http://www.cade.gov.br/servicos/perguntas-frequentes/perguntas-gerais-sobre-defesa-da-concorrencia>. Acesso em: 8 nov. 2019.

BRASIL. Decreto-Lei n. 1.598, de 26 de dezembro de 1977. **Diário Oficial da União**, Poder Executivo, Brasília, DF, 27 dez. 1977. Disponível em: <http://www.planalto.gov.br/ccivil_03/decreto-lei/del1598.htm>. Acesso em: 8 nov. 2019.

_____. Decreto-Lei n. 2.848, de 7 de dezembro de 1940. **Diário Oficial da União**, Poder Executivo, Rio de Janeiro, 31 dez. 1940. Disponível em: <https://www.planalto.gov.br/ccivil_03/decreto-lei/del2848.htm>. Acesso em: 8 nov. 2019.

_____. Decreto-Lei n. 3.689, de 3 de outubro de 1941. **Diário Oficial da União**, Poder Executivo, Brasília, DF, 13 out. 1941. Disponível em: <http://www.planalto.gov.br/ccivil_03/decreto-lei/del3689.htm>. Acesso em: 17 nov. 2019.

_____. Decreto-Lei n. 4.657, de 4 de dezembro de 1942. **Diário Oficial da União**, Poder Executivo, Brasília, DF, 9 set. 1942. Disponível em: <http://www.planalto.gov.br/ccivil_03/decreto-lei/del4657.htm>. Acesso em: 8 nov. 2019.

BRASIL. Lei n. 4.502, de 30 de novembro de 1964. **Diário Oficial da União**, Poder Legislativo, Brasília, DF, 30 nov. 1964. Disponível em: <http://www.planalto.gov.br/ccivil_03/LEIS/L4502.htm>. Acesso em: 8 nov. 2019.

_____. 6.015, de 31 de dezembro de 1973. **Diário Oficial da União**, Poder Legislativo, Brasília, DF, 31 dez. 1973. Disponível em: <http://www.planalto.gov.br/ccivil_03/leis/L6015compilada.htm>. Acesso em: 18 nov. 2019.

_____. Lei n. 7.492, de 16 de junho de 1986. **Diário Oficial da União**, Poder Legislativo, Brasília, DF, 19 jun. 1986. Disponível em: <http://www.planalto.gov.br/ccivil_03/LEIS/L7492.htm>. Acesso em: 8 nov. 2019.

_____. Lei n. 7.913, de 7 de dezembro de 1989. **Diário Oficial da União**, Poder Executivo, Brasília, DF, 11 dez. 1989. Disponível em: <http://www.planalto.gov.br/ccivil_03/LEIS/L7913.htm>. Acesso em: 8 nov. 2019.

_____. Lei n. 8.078, de 11 de setembro de 1990. **Diário Oficial da União**, Poder Legislativo, Brasília, DF, 12 set. 1990a. Disponível em: <http://www.planalto.gov.br/ccivil_03/leis/l8078.htm>. Acesso em: 8 nov. 2019.

_____. Lei n. 8.137, de 27 de dezembro de 1990. **Diário Oficial da União**, Poder Executivo, Brasília, DF, 28 dez. 1990b. Disponível em: <http://www.planalto.gov.br/ccivil_03/LEIS/L8137.htm>. Acesso em: 8 nov. 2019.

_____. Lei n. 8.383, de 30 de dezembro de 1991. **Diário Oficial da União**, Poder Legislativo, Brasília, DF, 31 dez. 1991. Disponível em: <http://www.planalto.gov.br/ccivil_03/leis/L8383.htm>. Acesso em: 8 nov. 2019.

_____. Lei n. 8.429, de 2 de junho de 1992. **Diário Oficial da União**, Poder Legislativo, Brasília, DF, 3 jun. 1992. Disponível em: <http://www.planalto.gov.br/ccivil_03/leis/L8429.htm>. Acesso em: 8 nov. 2019.

_____. Lei n. 8.884, de 11 de junho de 1994. **Diário Oficial da União**, Poder Legislativo, Brasília, DF, 13 jun. 1994. Disponível em: <http://www.planalto.gov.br/ccivil_03/LEIS/L8884.htm>. Acesso em: 8 nov. 2019.

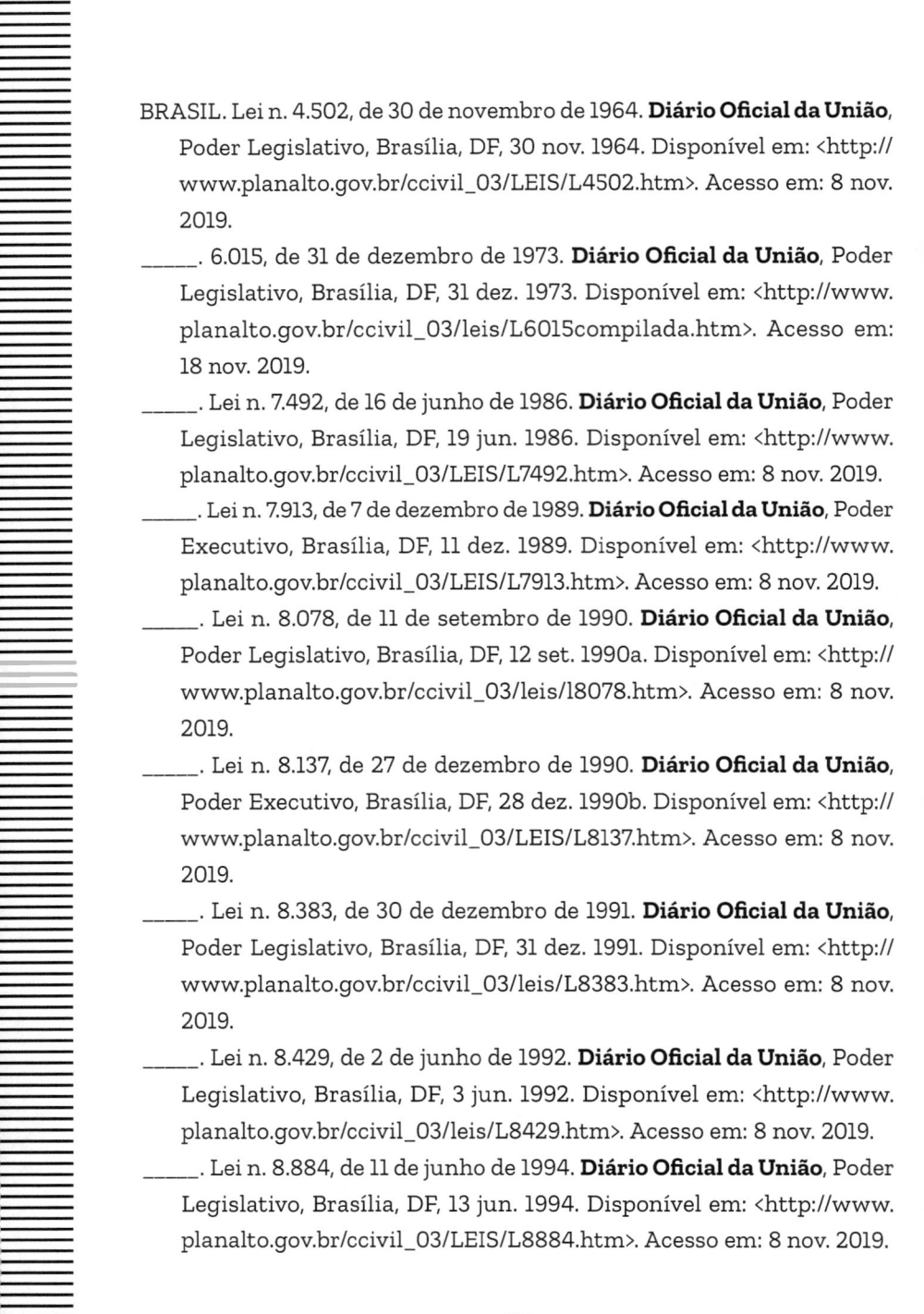

BRASIL. Lei n. 9.034, de 3 de maio de 1995. **Diário Oficial da União**, Poder Legislativo, Brasília, DF, 4 maio 1995. Disponível em: <http://www.planalto.gov.br/ccivil_03/LEIS/L9034.htm>. Acesso em: 8 nov. 2019.

_____. Lei n. 9.613, de 3 de março de 1998. **Diário Oficial da União**, Poder Legislativo, Brasília, DF, 4 mar. 1998. Disponível em: <http://www.planalto.gov.br/ccivil_03/leis/L9613.htm>. Acesso em: 8 nov. 2019.

_____. Lei n. 10.406, de 10 de janeiro de 2002. **Diário Oficial da União**, Poder Legislativo, Brasília, DF, 11 jan. 2002. Disponível em: <http://www.planalto.gov.br/ccivil_03/LEIS/2002/L10406.htm>. Acesso em: 8 nov. 2019.

_____. Lei n. 12.683, de 9 de julho de 2012. **Diário Oficial da União**, Poder Legislativo, Brasília, DF, 10 jul. 2012a. Disponível em: <http://www.planalto.gov.br/ccivil_03/_Ato2011-2014/2012/Lei/L12683.htm>. Acesso em: 8 nov. 2019.

_____. Lei n. 12.737, de 30 de novembro de 2012. **Diário Oficial da União**, Poder Legislativo, Brasília, DF, 3 dez. 2012b. Disponível em: <http://www.planalto.gov.br/ccivil_03/_Ato2011-2014/2012/Lei/L12737.htm>. Acesso em: 8 nov. 2019.

_____. Lei n. 12.813, de 16 de maio de 2013. **Diário Oficial da União**, Poder Legislativo, Brasília, DF, 17 maio 2013a. Disponível em: <http://www.planalto.gov.br/ccivil_03/_Ato2011-2014/2013/Lei/L12813.htm>. Acesso em: 8 nov. 2019.

_____. Lei n. 12.846, de 1º de agosto de 2013. **Diário Oficial da União**, Poder Legislativo, Brasília, DF, 2 ago. 2013b. Disponível em: <http://www.planalto.gov.br/ccivil_03/_ato2011-2014/2013/lei/l12846.htm>. Acesso em: 8 nov. 2019.

BRASIL. Ministério da Justiça e Segurança Pública. Polícia Federal. **Fases da Operação Lava-Jato**. Até 2016. Disponível em: <http://www.pf.gov.br/imprensa/lava-jato/numeros-da-operacao-lava-jato>. Acesso em: 8 mar. 2019.

_____. Ministério da Justiça e Segurança Pública. Polícia Federal. **Números da Operação Lava-Jato**. 5 jun. 2018. Disponível em: <http://

www.pf.gov.br/imprensa/lava-jato/numeros-da-operacaolava-jato>. Acesso em: 8 nov. 2019.

CAVALCANTI, A.; LIRA, E. **Grafoscopia essencial**. Porto Alegre: Sagra Luzatto, 1996.

CFC – Conselho Federal de Contabilidade. **Resolução n. 820, de 17 de dezembro de 1997**. Disponível em: <http://www.cfc.org.br/sisweb/sre/docs/RES_820.doc>. Acesso em: 8 nov. 2019.

_____. **Resolução n. 986, de 21 de novembro de 2003**. Disponível em: <http://www.cfc.org.br/sisweb/sre/docs/RES_986.doc>. Acesso em: 8 nov. 2019.

COSTA, I. M. K. **Questões em documentoscopia**: uma abordagem atualizada. São Paulo: Melhoramentos, 1995.

DEL PICCHIA FILHO, J. **Tratado de documentoscopia**: da falsidade documental. 3. ed. São Paulo: Pillares, 2016.

HOOG, W. A. Z.; CARLIN, E. L. B. **Manual de auditoria contábil das sociedades empresariais**: de acordo com o novo Código Civil – Lei 10.406/02. Curitiba: Juruá, 2008.

HUNTER, D. **Papermaking**: the History and Technique of an Ancient Craft. New York: Dover Publications, 1978.

INTRODUÇÃO à Lei Sarbanes-Oxley (Sox). **Portal de Auditoria**, 2016. Disponível em: <https://portaldeauditoria.com.br/introducao-lei-sarbanes-oxley-sox/>. Acesso em: 9 nov. 2019.

KROLL. **Global Fraud & Risk Report**: 10th Annual Edition – 2017/18. Disponível em: <https://www.kroll.com/en/insights/publications/global-fraud-and-risk-report-2018>. Acesso em: 8 nov. 2019.

MAYORAL, J. M. **Los limites de la información financiera**. Universidade de Extremadura, Espanha, 2000.

MENA, F. O que é due diligence de riscos e para que serve? **Marsh**, 10 ago. 2017. Disponível em: <https://www.marsh.com/br/insights/risk-in-context/o-que-e-due-diligence-de-riscos-e-para-que-serve-.html>. Acesso em: 8 nov. 2019.

MENDES, L. B. **Documentoscopia**. Campinas: Millennium, 2015.

OS CONFLITOS de interesse na Petrobras. **Carta Capital**, 24 ago. 2017. Disponível em: <https://www.cartacapital.com.br/economia/os-conflitos-de-interesse-na-petrobras/>. Acesso em: 8 nov. 2019.

PELLAT, E. S. **Las leyes de la escritura**. Madrid: Graphicae, 2015.

PWC – PricewaterhouseCoopers Brasil Ltda. **COSO**: gerenciamento de riscos corporativos – estrutura integrada. New Jersey, 2007. Disponível em: <https://www.coso.org/Documents/COSO-ERM-Executive-Summary-Portuguese.pdf>. Acesso em: 8 nov. 2019.

____. **Tirando a fraude das sombras**: pesquisa global sobre fraudes e crimes econômicos 2018. 2018. Disponível em: <https://www.pwc.com.br/pt/estudos/assets/2018/gecs-18.pdf>. Acesso em: 8 nov. 2019.

ROCHA JÚNIOR, F. A. R.; GIZZI, G. F. T. B. **Fraudes corporativas e programas de compliance**. Curitiba: InterSaberes, 2018.

SÁ, A. L. de; HOOG, W. A. Z. **Corrupção, fraude e contabilidade**. 6. ed. Curitiba: Juruá, 2017.

SIBILLE, D.; SERPA, A. **Os pilares do programa de compliance**: uma breve discussão. Disponível em: <https://www.editoraroncarati.com.br/v2/phocadownload/os_pilares_do_programa_de_compliance.pdf>. Acesso em: 8 nov. 2019.

SILVA, E. S. de C.; FEUERHARMEL, S. **Documentoscopia**: aspectos científicos. Campinas: Millennium, 2013.

SILVA, R. Condenação de grande rede de supermercados por concorrência desleal contra pequena empresa gaúcha. **Jornal da Ordem**, 25 abr. 2007. Disponível em: <http://www.jornaldaordem.com.br/noticia-ler/condenacao-grande-rede-supermercados-por-concorrencia-desleal-contra-pequena-empresa-gaucha/7334>. Acesso em: 8 nov. 2019.

TJDFT – Tribunal de Justiça do Distrito Federal e dos Territórios. **Site de venda é condenado por concorrência desleal**. ago. 2012. Disponível em: <https://www.tjdft.jus.br/institucional/imprensa/noticias/2012/agosto/site-de-vendas-e-condenado-por-concorrencia-desleal>. Acesso em: 8 nov. 2019.

VIÑALS CARRERA, F.; TUTUSAUS LÓVEZ, J. **Tipos de falsificación en escrituras manuscritas**. 2003. Disponível em: <https://coesfo.es.tl/Grafoscop%EDa-y-documentoscop%EDa.htm>. Acesso em: 8 nov. 2019.

respostas

Capítulo 1

Questões para revisão

1. e
2. d
3. a
4. Sua escrita era do tipo pictórica, e os suportes mais utilizados eram tijolos de arenito.
5. Primeiro princípio: a escrita é individual, tendo em vista que a manifestação das funções cerebrais que ditam a escrita varia de pessoa para pessoa. Segundo princípio: as leis da escrita independem do alfabeto utilizado.
6. Primeira lei do grafismo: o gesto gráfico está sob influência direta do cérebro, e isso significa que a manifestação da escrita não é modificada pelo órgão escritor se este estiver funcionando normalmente. Segunda lei do grafismo: quando alguém escreve, seu "eu" está na função. No entanto, o sentimento quase inconsciente dessa ação passa por alternativas de intensidade entre o máximo, onde existe um esforço a fazer, e o mínimo, quando esse movimento segue o impulso adquirido. Assim, o máximo de intensidade refere-se à ação do consciente, e o mínimo, à expressão do inconsciente. Terceira lei do grafismo: a escrita habitual não poderá ser modificada voluntariamente em determinado momento senão pela introdução, em seus traços, do esforço dispensado para obter essa modificação. Quarta lei do grafismo: o escritor que age em circunstâncias em que o ato de escrever é particularmente difícil traça, instintivamente, ou formas de letras que lhe são mais costumeiras, ou formas mais simples, de esquema mais fácil de ser construído.

Capítulo 2

Questões para revisão
1. d
2. c
3. d
4. Falsificar e alterar.
5. Documento questionado é o que tem indício de falsidade, e documento-padrão é aquele dado como verdadeiro.

Capítulo 3

Questões para revisão
1. a
2. c
3. d
4. Inclinação da escrita.
5. Ritmo da escrita.

Capítulo 4

Questões para revisão
1. b
2. b
3. c
4. O termo vem da língua inglesa e deriva da palavra *comply*, que significa agir em concordância com as leis, os regulamentos e as ordens. Na lei brasileira, *compliance* significa integridade. Nesse sentido, é preciso seguir as normas de *compliance* da empresa, respeitá-las e aplicar procedimentos internos e externos que evitem fraudes.
5. Apropriação indébita, estelionato, furto e invasão de dispositivo informático, corrupção ativa, lavagem de dinheiro, concorrência desleal.

Capítulo 5
Questões para revisão
1. a
2. d
3. a
4. "A auditoria contábil é a certificação dos elementos da contabilidade com o exercício da sociedade empresária, assegurando a credibilidade das informações das peças contábeis e a integridade do patrimônio, visando a minimização dos riscos operacionais, fiscais, societários, ambientais, trabalhistas, previdenciários, sistêmicos do mercado e outros, através de técnicas específicas" (Hoog; Carlin, 2008, p. 53).
5. O Conselho Federal de Contabilidade, por meio da NBC T11 – Normas de Auditoria Independente das Demonstrações Contábeis, estabelece que a fraude pode ser caracteriza por: (a) manipulação, falsificação ou adulteração de registros ou documentos, de modo a modificar os registros ativos, passivos e resultados; (b) apropriação indébita de ativos; (c) supressão ou omissão de transações nos registros contábeis; (d) registro de transações sem comprovação; e (e) aplicação de práticas contábeis indevidas.

Capítulo 6
Questões para revisão
1. a, b, c, e, f
2. c
3. a

4. São 39 principais, mas o fato é que muitas delas tiveram desmembramentos e acabaram por originar mais e mais operações, alcançando o número de mais de 285 operações.
5. A Operação Lava Jato teve seu marco inicial em março de 2014 e, atualmente, encontra-se na fase 57ª, com a operação "Sem Limites". Os números da Lava Jato são impressionantes, por exemplo: 4.220 policiais envolvidos, 650 quebras de sigilo fiscal e bancário, 330 sigilos telefônicos, e 350 sigilos de dados (telemático). Quanto aos valores envolvidos, são R$ 2.400.000.000,00 (dois bilhões, quatrocentos milhões de reais) relativos a bens bloqueados e apreendidos nas operações, R$ 745.100.000,00 (setecentos e quarenta e cinco milhões e cem mil reais) referentes a valores repatriados e, finalmente, R$ 12.500.000.000.000,00 (doze trilhões e quinhentos bilhões de reais) relacionados a valores analisados em operações financeiras investigadas, números estes atualizados apenas até 14/08/2017.

sobre as autoras

Sônia Regina Ribas Timi
Contadora, inscrita no CRC/PR sob o n. 076081/0-7. Administradora, inscrita no CRA/PR sob o n. 3472. Perita judicial e extrajudicial, atua nas áreas de administração judicial, cálculos financeiros, documentoscopia, grafoscopia e informática – áudio e vídeo. Especialista em Administração Judicial pela Escola da Magistratura do Paraná (Emap). MBA em Perícia e Auditoria Econômica Financeira pelo Instituto de Pós-Graduação e Graduação (IPOG) de Goiânia e em Perícia Criminal e Ciências Forenses pelo IPOG de Curitiba. Pós-Graduada em Engenharia de Software pelo setor de Ciências Exatas da Universidade Federa do Paraná (UFPR), em Processamento de Dados – Análise e Gerência de Sistemas pelo Centro de Desenvolvimento Empresarial da FAE Centro Universitário e em Contabilidade e Finanças pela UFPR. Membro da Comissão Especial de Perícia Judicial, Extrajudicial e Administração Judicial do Conselho Federal de Administração (Cepaj). Criadora do fórum permanente de perícia do Conselho Regional de Administração do Paraná (CRA). Professora de pós--graduação. Vice-Presidente da Associação dos Peritos do Paraná (Apepar). Segunda tesoureira da Federação Brasileira das Associações de Peritos, Árbitros, Mediadores e Conciliadores (Febrapam).

Vanya Trevisan Marcon Heimoski
Economista e contadora inscrita no Corecon/PR sob o n. 5028-8, no CRC/PR sob o n. 040.537/O-8, no CNPC sob o n. 268 e no CNPEF sob o n. 61. Perita judicial e extrajudicial. MBA em Perícia Criminal e Ciências Forenses pelo IPOG de Curitiba. Pós-Graduada em Administração de Empresas com ênfase em Negócios Imobiliários pela FAE Centro Universitário. Professora do curso de especialização em Perícia Econômico-Financeira no Corecon/PR e na pós-graduação na área de perícia econômico-financeira na Universidade Positivo. Por vários anos, foi conselheira suplente no Corecon/PR. Participou do Grupo de Estudos de Normas de Perícia Contábil, entre 2013 e 2014. Presidenta da Assossiação dos Peritos do Paraná (Apepar).

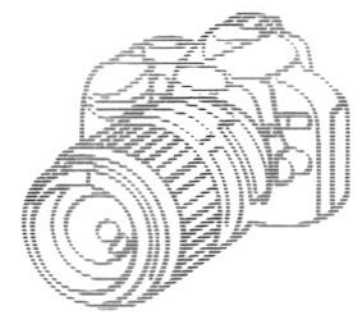

Impressão:
Dezembro/2019

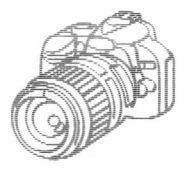

Outro fato característico desse período foi a influência stalinista nos partidos comunistas, a qual implicou até o afastamento de alguns de seus primeiros líderes. Nesse período, os marxistas dedicaram-se a investigar a realidade latino-americana. Talvez o nome mais importante tenha sido o de José Carlos Mariátegui e sua obra *Siete ensayos de interpretación de la realidad peruana*. Sua compreensão estava fundamentada na ideia de que a revolução peruana – podemos, de certa forma e com as devidas adaptações, estender essa mesma concepção a outras realidades latino-americanas – passaria por uma posição firme contra o imperialismo, o latifúndio e o capitalismo, numa união entre os trabalhadores urbanos e os camponeses.

A partir da década de 1930 até meados da de 1950, desenvolveu-se o período que podemos chamar de *consolidação*, no qual o mundo assistiu à ascensão dos regimes nazifascistas na Europa, a Guerra Civil Espanhola, a Segunda Grande Guerra, a Revolução Chinesa e o início das lutas pela descolonização da África e da Ásia. Aumentou o número de publicações marxistas no continente, assim como a influência tanto do stalinismo quanto da Terceira Internacional nos partidos comunistas e também um controle sobre o que e como seria traduzido e publicado por aqui. A ideologia marxista-leninista tornou-se a oficial não somente na antiga União Soviética, mas nos demais partidos comunistas ao redor do mundo. Segundo o professor Netto (2012, p. 7), o pensamento marxista ficou "reduzido a um economicismo barato e/ou a um sociologismo mecanicista [...] uma codificação escolástica da teoria social dos clássicos". Esse equívoco, aliás, foi o responsável por alguns dos erros cometidos pelos comunistas por aqui, bem como pelo surgimento de algumas "algozes/vítimas dessa ideologia vulgar", conforme Netto (2012, p. 7), como é o caso dos argentinos Rodolfo (1897-1985) e Orestes Ghioldi (1901-1982), o brasileiro Luís Carlos Prestes (o "Cavaleiro da Esperança", 1898-1990) e o peruano Jorge del Prado (1910-1999); e, entre intelectuais e ficcionistas, sobre o argentino Emílio Troise (1885-1976), o equatoriano Manuel Agustín Aguirre (1903-1992), o peruano Cesar G. Mayorga (1906-1983), o brasileiro Jorge Amado (1912-2001) e o costarricense José Marín Canas (1904-1980). (Netto, 2012, p. 7)

No entanto, nem todos capitularam diante da ideologia oficial. Alguns intelectuais, como o argentino Aníbal Ponce, por exemplo, conseguiram resistir à ditadura intelectual stalinista do marxismo-leninismo. Outra frente de resistência foi o trotskismo, que fez ferrenhas críticas à condução política dos partidos comunistas latino-americanos.

Vejamos, agora, alguns dos principais nomes desse período. Não se trata de uma escolha fácil, uma vez que, felizmente, há um número bastante grande de pensadores representativos.

4.3
Alguns dos principais autores e obras

Podemos arriscar dizer que, ao longo do século XX, a filosofia latino-americana começou o processo de construção de sua maioridade em sentido kantiano. Muitos pensadores ainda serão, como afirma Dussel (1977), pensadores inautênticos, na medida em que ainda permanecerão como comentadores do pensamento filosófico indo-europeu e condicionados pelo olhar do centro, sem tratar dos problemas latino-americanos segundo as categorias filosóficas da América Latina. Contudo, alguns começam não somente a questionar essa forma de fazer filosofia, como também a pensar filosoficamente a América Latina a partir dela mesma, de sua condição histórica, econômica, política, social, cultural, de dependência.